国家绒毛用羊产业技术体系建设资金资助项目(CARS-39-22)

中国绒毛用羊

产业发展与政策研究报告

2021

肖海峰　陈海燕　王　晶　等　著

中国农业出版社

北　京

著 者 名 单

肖海峰　陈海燕　王　晶　卢艳平

康海琪　尹金辉　石　刚　王桂东

刘月琴　毛晓敏　宋先忱　韩　迪

李　瑞　郭延景　王如玉　刘　琼

张俊华　王贝贝　张晓雅　王　恒

马如意　刘明玉　任柯燃　方　坤

刘山水　刘亦赫　崔方璞　王艺洁

前 言
FOREWORD

　　为了准确把握 2021 年度我国绒毛用羊产业发展状况，国家绒毛用羊产业技术体系产业经济研究团队于 2021 年 7—8 月，与乌鲁木齐综合试验站、赤峰细毛羊综合试验站、保定综合试验站和辽阳综合试验站合作，完成了 8 个县（旗、市）、194 户农牧户的问卷调查工作。基于上述调研数据以及张家港羊毛交易市场价格数据、中国海关进出口数据，我们完成了总报告——《中国绒毛用羊产业发展与政策研究报告 2021》以及两个分报告——《2021 年细毛羊产业发展调研报告》和《2021 年绒山羊产业发展调研报告》。

　　总报告《中国绒毛用羊产业发展与政策研究报告 2021》包括绒毛用羊养殖情况、绒毛用羊养殖成本效益、绒毛价格变动特征及原因、绒毛进出口状况、现有绒毛用羊相关扶持政策及评价、2022 年我国绒毛用羊产业发展趋势、我国绒毛用羊产业存在的主要问题、促进我国绒毛用羊产业发展的政策建议八个部分。两个分报告《2021 年细毛羊产业发展调研报告》和《2021 年绒山羊产业发展调研报告》在分别对细毛羊和绒山羊产业发展现状及存在问题进行分析的基础上，提出了促进产业发展的相关政策建议。

　　在本报告出版之际，我们向 2021 年度与产业经济研究团队合作调研的石刚站长、王桂东站长、刘月琴站长、宋先忱站长、韩迪站长、毛晓敏总经理和李瑞董事长，以及相关团队成员表示衷心的感谢，也对郑文新首席专家及其他岗位的专家、试验站站长给予的支持和帮助表示感谢！恳请各位专家、站长、相关领导及读者对本报告提出宝贵意见。

产业经济岗位专家　肖海峰

2022 年 2 月

目 录

CONTENTS

1

▶ **分报告二 2021 年绒山羊产业发展调研报告**

总 报 告

中国绒毛用羊
产业发展与政策研究报告2021

2021 年，国家绒毛用羊产业技术体系产业经济研究团队（下文简称产业经济研究团队）联合乌鲁木齐综合试验站、赤峰细毛羊综合试验站、保定综合试验站和辽阳综合试验站，分别在新疆、内蒙古、河北和辽宁对绒毛用羊产业发展现状展开调研活动。其中，细毛羊选择新疆的奇台县和乌鲁木齐县、内蒙古的敖汉旗和克什克腾旗作为样本调查点，绒山羊选择河北省的宽城县和青龙满族自治县（下文简称青龙县）、辽宁的盖州市和本溪县作为样本调查点。根据各调研县（旗、市）绒毛用羊养殖情况，我们分别在各样本调查点抽取农牧户进行了问卷调查，受访的农牧户均为绒毛用羊养殖和管理的主要决策者，因而调查数据具有较高的可信度。调研的样本总量为 4 个省（区）8 个县（旗、市）共 194 户农牧户。

研究团队查阅文献资料，走访绒毛主产区农牧业主管部门，深入养殖户实地了解各地区绒毛用羊生产经营状况，通过问卷、深度访谈、座谈等形式，围绕绒毛用羊养殖情况、成本效益情况、绒毛价格变动情况、各地政府扶持政策等方面展开调研，据此我们对 2021 年度绒毛用羊产业发展状况有了较为清晰的把握，进而形成本研究报告。本研究报告主要包括以下内容：细毛羊和绒山羊的养殖情况及养殖成本与收益、绒毛价格变动特征及原因、绒毛进出口状况、绒毛用羊相关扶持政策及其评价、绒毛用羊产业 2022 年的发展趋势、当前我国绒毛用羊产业发展过程中存在的问题和对策建议。

第一部分

绒毛用羊养殖情况

　　本部分主要利用产业经济研究团队在 2021 年度调研活动中收集整理的县级统计数据和农牧户问卷调查数据,从绒毛用羊存栏数量、存栏结构、绒毛产量情况与农牧户养殖行为及意愿等角度分析本年度我国细毛羊和绒山羊的养殖情况。

一、存栏数量以及存栏结构

(一) 存栏数量情况

1. 细毛羊存栏数量下降

　　根据调研数据,2021 年度各调研地区细毛羊养殖规模的变化方向并不统一,整体呈现下降趋势。2021 年年底细毛羊存栏总量为 57.93 万只,比 2020 年年底减少 3.18 万只,降幅为 5.20%。具体来看,克什克腾旗、奇台县和乌鲁木齐县 2021 年年底细毛羊存栏量分别为 39.08 万只、18.00 万只和 0.25 万只,较 2020 年分别减少 1.02 万只、2.00 万只和 0.25 万只,降幅分别为 2.54%、10.00% 和 50.00%,而敖汉旗 2021 年年底细毛羊存栏量为 0.60 万只,较 2020 年增加 0.09 万只,增幅为 17.65%(表 1-1-1)。

表 1-1-1　各调研县细毛羊存栏量及变化情况

单位: 万只,%

年份	敖汉旗	克什克腾旗	奇台县	乌鲁木齐县	合计
2020	0.51	40.10	20.00	0.50	61.11
2021	0.60	39.08	18.00	0.25	57.93
变化情况	17.65	-2.54	-10.00	-50.00	-5.20

数据来源: 2021 年内蒙古、新疆各调研县农牧局统计资料。

克什克腾旗细毛羊存栏量下降主要受肉羊和肉牛养殖冲击。克什克腾旗的昭乌达肉羊为肉毛兼用型细毛羊，产羔率为135%，当地小尾寒羊产羔率接近300%，小尾寒羊生长发育快、胴体重较高且适应性强。以能繁母羊为统计口径，在不考虑养殖设施折旧费用条件下，小尾寒羊养殖纯收益为1 500元/只，而昭乌达肉羊养殖纯收益仅为700元/只。相对较低的养殖效益使当地陆续放弃养殖细毛羊，转向养殖小尾寒羊等多胎肉羊品种，导致克什克腾旗细毛羊养殖规模下降。还有部分养殖户转向肉牛养殖。调研资料显示，2021年克什克腾旗每只出栏肉牛养殖成本为4 000元，养殖纯收益高达2 000元，较高的收益促使部分农牧户放弃养殖细毛羊转而养殖肉牛。

肉羊冲击、养殖成本上涨以及劳动力转移就业是奇台县细毛羊存栏量下降的主要原因。小尾寒羊、萨福克羊等肉羊品种产羔率高，生长发育快，养殖效益高于细毛羊。调研资料显示，奇台县肉羊品种的平均产羔率超过200%，四月龄断奶羔羊平均体重30千克，出栏羊平均销售价格1 100元/只，而细毛羊产羔率为110%，四月龄断奶羔羊平均体重仅25千克，出栏羊平均销售价格900元/只，单只羊销售收益相差200元。较高的经济收益使得奇台县从2020年开始重点推广杜泊、萨福克和澳洲白等肉羊品种，并将以上品种纳入良种补贴名录，细毛羊较低的效益和地方政府主推肉羊品种的政策引导导致农牧户对细毛羊养殖的积极性下降，部分农牧户转产养殖小尾寒羊、萨福克等多胎肉羊品种。其次，2018年以来奇台县推动以自然村或村大队为单位的农户进行土地流转，土地流转后，细毛羊养殖需要的饲草料全部需要以市场价格外购，导致饲草料成本显著上涨，养殖成本上涨一定程度上抑制了农牧户养殖细毛羊的积极性。此外，受城镇化进程加快的影响，大量青壮年男性劳动力选择外出务工，部分养殖户逐步退出细毛羊养殖，在一定程度上导致细毛羊养殖数量下降。

乌鲁木齐县细毛羊养殖规模下降除受上述肉羊效益冲击之外，还受到草原载畜量和环境保护压力、区域旅游拉动效应的影响。首先，乌鲁木齐大面积草场被划为二级水源保护区域（乌拉泊水库和乌鲁木齐河），由于创建全国文明城市、环保监察、草原生态补奖等政策的实施，导致天然饲草资源不足，本地约40%的饲草料需要外调购进以满足生产需求。且受新冠肺炎疫情影响，运输费用增加，导致饲草料成本大幅上涨，以细毛羊主要饲草料为例，2021年7月玉米价格和麦草价格分别为2.5元/千克和1.0元/千克，分别较2020年同期增长了16.28％和25.00％。其次，近年来乌鲁木齐县开发本地优质旅游资源成为旅游热点区域，为满足旅游消费需求，当地农牧户更加倾向于养殖出栏周期短、产肉率高的肉羊品种。截至2021年，乌鲁木齐县的细毛羊全部集中于南山种羊场，其他养殖户全部转产养殖肉羊或者当地土种羊。

近年来，敖汉旗细毛羊养殖规模基本处于稳定态势。2021年敖汉旗细毛羊养殖规模的增长主要得益于多胎型敖汉细毛羊的推广。2016年，敖汉种羊场①从新疆紫泥泉种羊场引进2只多胎细毛种用公羊、3只种母羊和100枚多胎冻精，进行敖汉细毛羊杂交改良，培育多胎型敖汉细毛羊。经过近5年选育，多胎型敖汉细毛羊培育成功并开始推广。多胎型敖汉细毛羊产羔率高达165％，远高于超细型敖汉细毛羊的125％。2021年敖汉旗新增5户多胎型敖汉细毛羊养殖户，平均养殖规模为300只，而原有细毛羊养殖户没有退出且养殖规模基本稳定，因此，2021年底敖汉旗细毛羊存栏量较上年有所增长。

2. 绒山羊存栏数量微幅增加

2021年各调研地区绒山羊存栏总量为119.01万只，较2020年的118.05万只微幅增长了0.81％（表1-1-2）。具体来看，2021年，除青龙县以外，其他各调研县绒山羊存栏量均有所增长。其中，盖州市2021年底绒山羊存栏量为58万只，较2020年底的56.36万只增长了2.91％；本溪县2021年底绒山羊存栏量为10.00万只，较2020年底的9.50万只增长了5.26％；宽城县2021年底绒山羊存栏量为6.91万只，较2020年底的6.89万只微增0.29％。

表1-1-2　各调研县绒山羊存栏量及变化情况

单位：万只，％

年份	盖州市	本溪县	青龙县	宽城县	合计
2020	56.36	9.50	45.30	6.89	118.05
2021	58.00	10.00	44.10	6.91	119.01
变化情况	2.91	5.26	−2.65	0.29	0.81

数据来源：2021年辽宁、河北各调研县农牧局统计资料。

盖州市绒山羊养殖规模增加主要得益于农牧户绒山羊养殖效益的提升和养

---

① 敖汉种羊场于2020年撤销，原种羊场的羊只目前由敖汉旗良种繁育推广中心负责养殖管理。

殖结构的变化。首先,羊绒价格大幅上涨提高了农牧户绒山羊养殖效益,从而稳定了农牧户对绒山羊的养殖积极性。从调研情况看,2021 年,盖州市羊绒价格为 340 元/千克,较 2020 年的 250 元/千克大幅增长了 36.00%。其次,当地绒山羊养殖结构逐渐发生变化,普通养殖户数量逐渐增加。盖州市绒山羊养殖农牧户过去主要以种用羊养殖为主,当时盖县的辽宁绒山羊种用羊价格高昂并且深受市场欢迎,平均售价最高曾经达到 30 000 元/只。近年来,种羊市场价格持续下降,目前平均售价约为 5 000 元/只,大幅下降的种羊销售价格使得农牧户养殖种用羊的积极性下降,很多绒山羊养殖场(户)逐渐放弃了种羊生产,转向更适合规模化养殖的非种用羊。

本溪县绒山羊养殖规模增加主要是因为羊肉销售价格和羊绒价格上涨,农牧户养殖效益显著提升。2021 年本溪县羊肉销售价格为 90 元/千克,较 2020 年的 85 元/千克增长了 5.88%,羊绒价格则从 2020 年的 180 元/千克增至 2021 年的 300 元/千克,同比增长了 66.67%。

宽城县绒山羊养殖规模增加主要得益于羊绒价格上涨,在羊肉价格保持稳定的情况下,绒山羊养殖效益提升。从调研情况看,2021 年宽城县羊绒价格从 2020 年的 200 元/千克涨到 2021 年的 280 元/千克,上涨 40.00%,而当地羊肉价格近两年基本稳定在 90 元/千克。但由于宽城县农牧户转产肉羊、外出务工现象较多,因此当地绒山羊存栏增幅较小。

与其他调研县绒山羊存栏量变化趋势相反,2021 年底,青龙县绒山羊存栏量同比减少,从 2020 年底的 45.30 万只减少到 2021 年底的 44.10 万只,减少了 2.65%。青龙县绒山羊存栏规模减小主要受到当地绒山羊转产和农牧户外出务工的影响。一方面,与小尾寒羊等肉羊品种相比,绒山羊产羔率低、生长缓慢,绒山羊养殖效益远低于肉羊品种,导致部分农牧户转向肉羊养殖;另一方面,青壮年劳动力普遍外出务工,当地养羊户以 50 岁以上老年人为主,随着老年人体力下降,农牧户逐渐缩减养殖规模甚至退出了绒山羊养殖。此外,2020 年爆发的新冠肺炎疫情造成羊绒制品需求减少,羊绒收购价格大幅度下跌,农牧户还出现了饲料购置和运输困难的问题,当年农牧户绒山羊养殖普遍亏损,2021 年新冠肺炎疫情的影响尚未完全消失,部分农户预测未来羊绒价格和绒山羊养殖效益依然存在较大的不确定性,因此趁 2021 年羊绒价格高企退出了养殖活动。前述多个因素导致青龙县绒山羊年底存栏量呈现明显减少态势。

（二）存栏结构情况

1. 细毛羊能繁母羊、种用公羊存栏数量上涨，全年累计新生羔羊数量下降

根据产业经济研究团队对细毛羊养殖户的调研数据显示，2021年年底样本户细毛羊能繁母羊、种用公羊存栏数量分别为11 467只、459只，与2020年同期相比分别上升0.24%、3.61%；2021年全年累计细毛羊新生羔羊数量为14 504只，同比上升2.93%（表1-1-3）。

表1-1-3　样本农牧户绒毛用羊存栏结构情况

单位：只,%

年份	种类	细毛羊	绒山羊
2020	存栏合计	15 553	16 439
	其中：能繁母羊	11 440	6 594
	种用公羊	443	460
	累计新生羔羊	14 091	8 274
2021	存栏合计	15 709	17 905
	其中：能繁母羊	11 467	6 474
	种用公羊	459	428
	累计新生羔羊	14 504	8 023
变化幅度	存栏合计	1.00	8.92
	其中：能繁母羊	0.24	−1.82
	种用公羊	3.61	−6.96
	累计新生羔羊	2.93	−3.03

数据来源：2021年度产业经济研究团队农牧户调查问卷。

2. 绒山羊能繁母羊、种用公羊存栏数量均下降，全年累计新生羔羊数量下降

根据产业经济研究团队对绒山羊养殖户的调研数据显示，2021年年底绒山羊能繁母羊、种用公羊存栏数量分别为6 474只、428只，与2020年同期相比分别下降了1.82%、6.96%；2021年全年累计绒山羊新生羔羊数量为8 023只，同比下降3.03%（表1-1-3）。

二、绒毛产量

1. 细羊毛产量下降

受细毛羊存栏数量变化的影响，2021 年调研地区的细羊毛总产量呈下降态势，2021 年调研地区细羊毛总产量 1 813.95 吨，比 2020 年减少了 85.60 吨，降幅为 4.51%。（表 1-1-4）。

表 1-1-4　2020—2021 年各调研地区细羊毛产量变化情况

单位：吨，%

年份	敖汉旗	克什克腾旗	奇台县	乌鲁木齐县	合计
2020	33.15	1 443.90	420.00	2.50	1 899.55
2021	33.80	1 400.90	378.00	1.25	1 813.95
变化幅度	1.96	−2.98	−10.00	−50.00	−4.51

注：各调研地区剪羊毛时间集中在 4—6 月，销售时间集中在 5—7 月，其羊毛产量数据为实际生产数据。

数据来源：2021 年内蒙古、新疆各调研县农牧局统计资料。

与 2020 年相比，敖汉旗细羊毛产量呈上升趋势，克什克腾旗、奇台县和乌鲁木齐县的细羊毛产量均呈现下降趋势。从具体数据来看，2021 年敖汉旗细羊毛产量为 33.80 吨，与 2020 年相比增加了 0.65 吨，增幅为 1.96%。敖汉旗细羊毛产量增幅远低于细毛羊存栏量增幅，主要原因为 2021 年敖汉旗新增的多胎型敖汉细毛羊与超细型敖汉细毛羊相比，所产细羊毛的细度、长度、净毛率均没有区别，但羊毛单产仅为超细型敖汉细毛羊的 90%。2021 年克什克腾旗、奇台县和乌鲁木齐县细羊毛产量分别为 1 400.90 吨、378.00 吨、1.25 吨，与 2020 年相比分别减少了 43.00 吨、42.00 吨、1.25 吨，降幅分别为 2.98%、10.00% 和 50.00%。

2. 羊绒产量增加

由于各县（市）羊绒单产水平比较稳定，因此羊绒产量的变化主要受上一年年底绒山羊存栏量变化的影响①。2021 年度调研县（市）羊绒产量较去年小

---

①　各调研县（市）绒山羊一般 2 月份左右产羔，至春季抓绒时仍未成年，因此当年羊绒产量主要取决于上一年年底的存栏量。

幅增长，各调研县（市）羊绒产量增幅有差异。2021年各调研县羊绒产量合计为682.70吨，较2020年的627.67吨增长了8.77％（表1-1-5）。具体来看，盖州市羊绒产量同比增幅最为明显，该县2021年羊绒产量为320.14吨，较2020年的281.82吨大幅增长了13.60％；本溪县2021年羊绒产量为67.50吨，较2020年的65.63吨小幅增长了2.85％；青龙县2021年羊绒产量为256.70吨，较2020年的242.72吨增长了5.76％；宽城县2021年羊绒产量为38.36吨，较2020年的37.50吨小幅增长了2.29％。

表1-1-5 各调研县羊绒产量及变化情况

单位：吨，％

年份	盖州市	本溪县	青龙县	宽城县	合计
2020	281.82	65.63	242.72	37.50	627.67
2021	320.14	67.50	256.70	38.36	682.70
变化幅度	13.60	2.85	5.76	2.29	8.77

数据来源：2021年辽宁、河北各调研县农牧局统计资料。

三、农牧户养殖行为与养殖意愿

绒毛用羊养殖户的养殖行为和养殖意愿可以反映出他们的生产积极性，也可以反映出绒毛用羊产业是否具备进一步发展的动力。通过对农牧户调查数据的分析，2021年绒毛用羊养殖户的养殖行为和养殖意愿呈现如下特点。

1. 大多数农牧户愿意继续从事绒毛用羊养殖

2021年有94.07％的样本农牧户愿意继续从事绒毛用羊养殖，最主要的原因是养羊已经成为农牧户的生活习惯，且他们普遍认为绒毛用羊养殖经济效益预期较好，这些农牧户也没有其他收入来源，此外，不愿闲置草场资源的想法也对部分农牧户养殖绒毛用羊意愿有一定影响；有5.93％的样本农牧户不愿意继续从事绒毛用羊的养殖，这部分农牧户放弃养殖均是绒毛价格偏低所致（表1-1-6）。

表1-1-6　样本农牧户从事绒毛用羊养殖的意愿及原因情况（多选）

单位：％

意愿及原因	全部养殖户	细毛羊养殖户	绒山羊养殖户
打算继续养殖绒毛用羊	94.07	100.00	90.12

（续）

意愿及原因	全部养殖户	细毛羊养殖户	绒山羊养殖户
养殖经济效益预期较好	54.81	44.44	61.73
养羊已经成为生活习惯	60.74	68.52	55.56
没有其他收入来源	28.89	24.07	32.10
有草场资源，不想闲置	8.15	16.67	2.47
其他原因	5.93	14.81	0
打算放弃养殖绒毛用羊	5.93	0	9.88
活羊价格偏低	0	0	0
绒毛价格偏低	100.00	0	100.00
养殖成本较高	0	0	0
其他畜禽品种养殖收入高	0	0	0
非农行业工资水平高	0	0	0
禁牧政策的限制	0	0	0
年龄偏大	0	0	0
其他家庭成员不愿意从事养殖	0	0	0
其他原因	0	0	0

数据来源：2021年度产业经济研究团队农牧户调查问卷。

分品种来看，细毛羊和绒山羊样本养殖户中打算继续从事绒毛用羊养殖的农牧户所占比例有所不同，从事养殖的原因排序也略有不同。从细毛羊养殖户情况看，2021年愿意继续从事细毛羊养殖的农牧户中有68.52％的农牧户表示自参加农业劳动以来就开始从事细毛羊养殖，养羊已经成为他们的生活习惯，无法放弃；44.44％的农牧户表示由于养殖经济效益预期好，因此选择继续养羊；有24.07％农牧户由于没有其他收入来源，选择继续养羊；还有16.67％的农牧户认为有草场资源，不想闲置，因此选择继续养羊。从绒山羊养殖户情况看，有90.12％的农牧户愿意继续从事绒山羊养殖，其中有61.73％的农牧户预期养殖经济效益较好，愿意继续从事养殖；有55.56％的农牧户表示经过世代相传延续至今，养殖绒山羊早已成为他们的生活习惯；另有32.10％的农牧户因为除绒山羊养殖收入外没有其他收入来源，为维持家庭生计，只能继续养殖绒山羊；还有2.47％的农牧户认为有草场资源，不想闲置，因此选择继续养殖绒山羊。

2. 活羊价格是多数绒毛用羊养殖户确定养殖规模时考虑的首要因素

农牧户调研数据显示，活羊价格是绒毛用羊养殖户确定养殖规模时考虑的首要因素，考虑这一因素的养殖户占全部养殖户的比例达到57.04％。由于劳动力转移、劳动力老龄化导致的劳动力不足，使得家庭劳动力数量成为绒毛用羊养殖户比较关注的因素，关注这一因素的养殖户的比例为38.52％。另外农牧户扩大养殖规模需要增加机械设备、圈舍、劳动力等要素投入，因此家庭自有资金的多少也成为农牧户决定养殖规模时主要考虑的因素，考虑该因素的养殖户占全部养殖户的比重为30.37％（表1-1-7）。

表1-1-7　影响样本农牧户养殖规模的主要因素（多选）

单位：％

影响因素	全部养殖户	细毛羊养殖户	绒山羊养殖户
活羊价格	57.04	51.85	60.49
绒毛价格	19.26	5.56	28.4
养殖成本	26.67	27.78	25.93
自有资金的多少	30.37	51.76	16.05
家庭劳动力数量	38.52	31.48	43.21
草场面积大小及牧草长势	11.11	22.22	3.70
养殖技术水平	2.96	1.85	3.70
养殖管理知识	1.48	0	2.47
政府扶持政策	2.22	1.85	2.47
其他因素	12.59	5.56	17.28

数据来源：2021年度产业经济研究团队农牧户调查问卷。

分不同养殖品种看，活羊价格是细毛羊养殖户考虑养殖规模时的首要因素，占比达51.85％；自有资金的多少是影响细毛羊养殖户养殖规模的次要因素，选择该项的养殖户占样本户的比例为51.76％。影响绒山羊养殖户养殖规模的首要和次要因素分别是活羊价格与家庭劳动力数量，选择这两项因素的养殖户占样本总量的比重分别为60.49％和43.21％。

3. 多数细毛羊养殖户和近半数绒山羊养殖户不打算扩大养殖规模

农牧户调研数据显示，多数细毛羊养殖户和近半数绒山羊养殖户不打算扩大养殖规模。具体来看，继续从事细毛羊养殖的样本农牧户中有64.81％的样本户不打算扩大养殖规模，其中有38.89％的样本养殖户由于家庭缺乏劳动力而不愿意扩大养殖规模；另有14.81%的样本养殖户由于草场面积有限，不能扩大养殖规模；还有9.26%的样本养殖户家庭由于缺乏资金，不愿意扩大养殖规模。还有35.19%的样本户打算扩大养殖规模，他们对未来的养殖收益抱有信心，其中有24.07%的样本养殖户预期未来活羊价格会提升，养殖收益较好，因而计划继续扩大细毛羊养殖规模（表1-1-8）。

表1-1-8　样本农牧户对扩大养殖规模的不同意愿及原因情况（多选）

单位：%

意愿及原因	细毛羊养殖户	绒山羊养殖户
打算扩大养殖规模	35.19	50.62
活羊预期价格较好	24.07	33.33
绒毛预期价格较好	3.70	32.10
拥有较多资源（草地、劳动力、资金等）	7.41	0
政府加大了资金、技术等扶持力度	1.85	0
其他原因	5.56	3.70
不打算扩大养殖规模	64.81	49.38
活羊预期价格偏低	5.56	2.47
绒毛预期价格偏低	1.85	2.47
养殖成本较高	7.41	2.47
缺乏资金	9.26	17.28
缺乏劳动力	38.89	19.75
草场面积有限	14.81	2.47
养殖技术水平落后	0	0
缺乏养殖管理知识	0	3.70
政府扶持力度较弱	0	1.23
禁牧政策的限制	1.85	6.17
其他原因	11.11	16.05

数据来源：2021年度产业经济研究团队农牧户调查问卷。

有49.38%的绒山羊养殖户不打算扩大养殖规模，其中有19.75%养殖户是因为缺乏劳动力而不愿意扩大养殖规模；另有17.28%的农牧户由于缺乏资金不能扩大养殖规模。打算扩大养殖规模的绒山羊养殖户，最主要原因是看好未来绒山羊养殖收益，分别有33.33%和32.10%的样本户预计未来活羊和羊绒价格走高，认为扩大规模有助于增加收入。

第二部分

绒毛用羊养殖成本效益

绒毛用羊养殖的成本效益直接影响着养殖户的生产积极性，进而影响到我国羊毛和羊绒原料的市场供给和我国绒毛用羊产业的健康发展。本部分将利用产业经济研究团队 2021 年 7—8 月的绒毛用羊农牧户调研数据，从绒毛用羊养殖总收益、养殖总成本和养殖纯收益三方面分析我国绒毛用羊养殖成本效益情况。

一、养殖总收益

养殖总收益指养殖户在一定养殖周期内实现的总收入，本报告中绒毛用羊养殖总收益主要由绒毛产值①、出栏羊收入和其他副产品收入②三部分组成。

1. 细毛羊、绒山羊养殖总收益平均值

根据样本农牧户调研数据，2021 年调研地区细毛羊、绒山羊养殖总收益分别为平均每只 1 371.29 元、1 792.75 元③（表 1 - 2 - 1）。绒山羊养殖总收益较高，细毛羊养殖总收益较低。

2. 细毛羊、绒山羊的养殖总收益皆以出栏羊收入为主，绒（毛）产值所占比例相对较小

从收益构成情况来看，由表 1 - 2 - 1 可知，细毛羊、绒山羊的绒（毛）产值分别为每只 44.98 元、399.59 元，在各自总收益中所占比例分别为 3.28%、22.29%；绒山羊的绒（毛）产值及其在总收益中所占比例显著高于细毛羊。细毛羊、绒山羊的出栏羊收入分别为每只 1 324.40 元、1 383.67 元，在各自

---

① 绒毛产值指绒毛用羊养殖周期内所产羊绒和羊毛的产值。其中，已经销售的按照实际收入计算，养殖周期内所产羊绒和羊毛但尚未销售的则视同销售，按平均市场价格折算。

② 其他副产品收入指除绒（毛）产值和出栏羊收入以外的收入。

③ 按照出栏口径核算方法计算的结果。

总收益中所占比例分别为 96.58%、77.18%，出栏羊收入仍是养殖总收益的主要构成部分。

表 1 - 2 - 1   2021 年调研地区农牧户绒毛用羊总收益及构成情况

收益构成项目	养殖收益（元/只）		养殖收益构成比例（%）	
	细毛羊	绒山羊	细毛羊	绒山羊
绒（毛）产值	44.98	399.59	3.28	22.29
出栏羊收入	1 324.40	1 383.67	96.58	77.18
其他副产品收入	1.91	9.49	0.14	0.53
合计	1 371.29	1 792.75	100.00	100.00

数据来源：根据 2021 年度产业经济研究团队农牧户调查问卷整理计算所得。

二、养殖总成本

养殖总成本指养殖户在绒毛用羊养殖周期内耗费的现金、实物、劳动力和土地等所有资源的成本。本报告中绒毛用羊养殖总成本包括幼畜购进费（羔羊折价）、精饲料费、饲草费、饲盐费、医疗防疫费、雇工费、水电燃料费、死亡损失费分摊、草场租赁费、修理维护费、固定资产折旧及其他费用。

1. 细毛羊和绒山羊养殖总成本分别为每只 781.22 元、1 160.53 元

根据样本农牧户调研数据，按出栏口径核算方法，整理计算得出：2021 年调研地区细毛羊、绒山羊的养殖总成本分别为每只 781.22 元、1 160.53 元（表 1 - 2 - 2）。细毛羊养殖总成本较低，绒山羊养殖总成本较高。

表 1 - 2 - 2   2021 年调研地区农牧户绒毛用羊总成本及构成情况

成本构成项目	养殖总成本（元/只）		养殖总成本构成比例（%）	
	细毛羊	绒山羊	细毛羊	绒山羊
幼畜购进费（羔羊折价）	408.77	703.18	52.32	60.59
精饲料费	194.38	209.11	24.88	18.02
饲草费	69.38	62.68	8.88	5.40
饲盐费	5.61	5.48	0.72	0.47

（续）

成本构成项目	养殖总成本（元/只）		养殖总成本构成比例（%）	
	细毛羊	绒山羊	细毛羊	绒山羊
医疗防疫费	4.14	38.53	0.53	3.32
雇工费	15.53	24.54	1.99	2.11
水电燃料费	7.63	9.43	0.98	0.81
死亡损失费分摊	20.48	40.18	2.62	3.46
草场租赁费	9.45	0.43	1.21	0.04
修理维护费	8.76	11.01	1.12	0.95
固定资产折旧	33.57	54.08	4.30	4.66
其他费用	3.52	1.88	0.45	0.16
养殖成本合计	781.22	1 160.53	100.00	100.00

数据来源：根据 2021 年度产业经济研究团队农牧户调查问卷整理计算所得。

2. 细毛羊和绒山羊养殖总成本的主要构成项目为幼畜购进费（羔羊折价）、精饲料费、饲草费、固定资产折旧和死亡损失费分摊

从养殖总成本构成情况来看，细毛羊、绒山羊幼畜购进费（羔羊折价）分别为每只 408.77 元、703.18 元，在各自总成本中所占比例分别为 52.32%、60.59%；精饲料费成本分别为每只 194.38 元、209.11 元，在各自总成本中所占比例分别为 24.88%、18.02%；饲草费成本分别为每只 69.38 元、62.68 元，在各自总成本中所占比例分别为 8.88%、5.40%；固定资产折旧分别为每只 33.57 元、54.08 元，在各自总成本中所占比例分别为 4.30%、4.66%；死亡损失费分摊分别为每只 20.48 元、40.18 元，在各自总成本中所占比例分别为 2.62%、3.46%。

三、养殖纯收益和成本收益率

养殖纯收益为养殖总收益和养殖总成本的差值，反映了养殖周期内养殖户养殖绒毛用羊的净收益情况；成本收益率为养殖纯收益和养殖总成本的比值，反映了养殖户在一定成本投入水平上的获利能力。其计算公式分别为：

养殖纯收益＝养殖总收益－养殖总成本

成本收益率＝养殖纯收益/养殖总成本×100％

细毛羊养殖成本收益率相对较高，绒山羊成本收益率相对较低。根据样本农牧户调研数据，按出栏口径核算方法，整理计算得出：2021年调研地区细毛羊、绒山羊的养殖纯收益分别为每只590.07元、632.22元，成本收益率分别为75.53％、54.48％（表1-2-3）。虽然细毛羊养殖纯收益低于绒山羊的养殖纯收益，但细毛羊的养殖总成本与绒山羊养殖总成本相比，其差距远远小于两者纯收益的差距，导致细毛羊养殖成本收益率要高于绒山羊成本收益率。

表1-2-3　2021年调研地区农牧户绒毛用羊纯收益情况

单位：元/只，％

成本收益项目	细毛羊	绒山羊
养殖收益	1 371.29	1 792.75
养殖成本	781.22	1 160.53
养殖纯收益	590.07	632.22
成本收益率	75.53	54.48

数据来源：根据2021年度产业经济研究团队农牧户调查问卷整理计算所得。

第三部分

绒毛价格变动特征及原因

受全球经济持续复苏、绒毛制品消费需求回暖等诸多因素影响，2021年我国羊毛、羊绒市场价格总体呈现上涨态势，但由新冠肺炎疫情散发、货运不畅、国际贸易政策与局势不明朗等带来的市场不确定性，也导致年度内羊毛、羊绒价格频繁震荡。本部分通过张家港羊毛市场、中国畜产品流通协会、第一羊绒资讯、绒易通等平台的数据，结合产业经济研究团队的调研数据，总结我国绒毛价格变动特征，并进一步分析我国羊毛、羊绒价格变动的原因。

一、羊毛价格变动特征及原因

（一）羊毛价格变动特征

1. 2021年国毛条价格呈现上涨态势，均价略低于2020年

2021年，国毛条总体呈现小幅上涨态势，均价略低于2020年。2021年12月国毛条66S和64S的价格分别为72.00元/千克、60.00元/千克，较1月的67.30元/千克、45.00元/千克分别上涨了6.98%、33.33%（图1-3-1）。

具体来看，国毛条66S从1月的67.30元/千克小幅下降至2月的66.00元/千克，此后持续上涨至11月的75.00元/千克，涨幅为13.63%，12月小幅下降至72.00元/千克。2021年1—4月，国毛条66S的价格均低于2020年同期价格，5—12月，国毛条66S的价格均高于2020年同期价格。通过计算可知，2021年国毛条66S的平均价格为72.76元/千克，较2020年的73.04元/千克微降0.39%。

2021年，国毛条64S的价格由1月的45.00元/千克小幅上涨至5月的62.00元/千克，涨幅为37.77%，自6月起缓慢下降至12月的60.00元/千克。2021年1—4月，国毛条64S的价格均低于2020年同期价格，5—12月，

国毛条64S的价格均高于2020年同期价格。通过计算可以知道，2021年国毛条64S的平均价格为58.03元/千克，较2020年的58.71元/千克下降了1.15%。

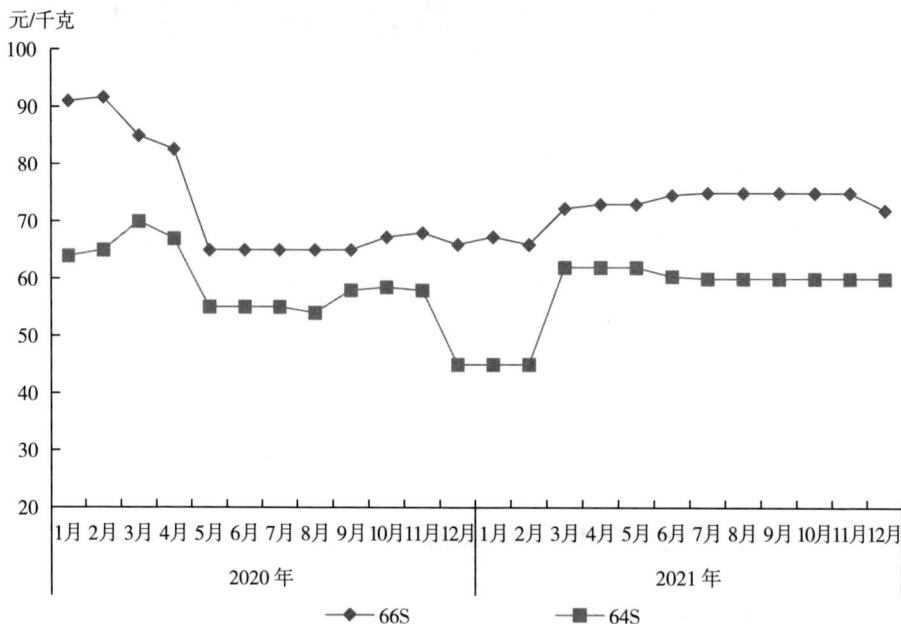

图1-3-1　2020—2021年我国国毛条64S、66S价格变化情况
数据来源：张家港羊毛市场（中国羊毛信息网）。

2. 2021年澳毛条价格均呈现震荡上涨后再缓慢下降态势，多数澳毛条均价低于上年

2021年澳毛条70S、66S和64S价格均呈现先震荡上涨后缓慢下降态势。除70S平均价格略高于去年外，其他型号平均价格均低于去年。具体来看，2021年1—3月，所有型号的澳毛条价格均低于2020年的价格，4—12月所有型号的澳毛条价格均高于2020年的价格。澳毛条70S、66S和64S价格变化情况如图1-3-2所示。

澳毛条70S是价格最高的品种，其价格由1月的96.75元/千克波动上涨至6月的103.80元/千克，此后又缓慢下降至12月的92.00元/千克。通过计算可以知道，2021年澳毛条70S的平均价格为98.06元/千克，比2020年的93.98元/千克上涨了4.34%。

元/千克

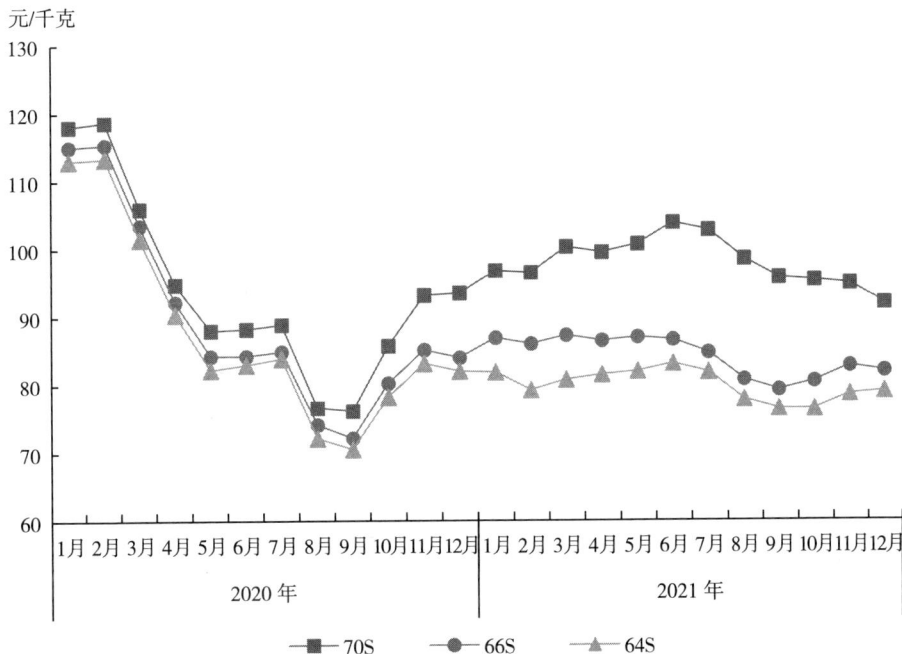

图 1-3-2　2020—2021 年澳毛条 70S、66S、64S 价格变化情况
数据来源：张家港羊毛市场（中国羊毛信息网）

澳毛条 66S 的价格仅次于澳毛条 70S，其价格由 1 月的 86.88 元/千克波动上涨至 6 月的 86.60 元/千克，此后又缓慢下降至 12 月的 82.00 元/千克。通过计算可以知道，2021 年澳毛条 66S 的平均价格为 84.18 元/千克，比 2020 年的 89.59 元/千克下降了 6.04%。

澳毛条 64S 的价格由 1 月的 81.88 元/千克波动上涨至 6 月的 83.10 元/千克，此后又缓慢下降至 12 月的 79.00 元/千克。通过计算可以知道，2021 年澳毛条 64S 的平均价格为 79.90 元/千克，比 2020 年的 87.79 元/千克下降了 10.50%。

3. 2021 年多数农牧户细羊毛销售价格上涨

2021 年，我国多数农牧户细羊毛销售价格较 2020 年明显上涨，部分地区农牧户因羊毛计价方式变化等原因导致价格有所下降。根据产业经济研究团队调研数据，内蒙古敖汉旗和克什克腾旗的细羊毛平均价格分别为 20.00 元/千克、15.00 元/千克，较 2020 年分别上涨了 11.11%、7.14%。新疆奇台县和乌鲁木齐县的细羊毛平均价格分别为 13.00 元/千克和 23.00 元/千克，较

2020 年分别下降了 27.78％和 4.17％①。

表 1 - 3 - 1　2020—2021 年各调研地区细羊毛平均价格

单位：元/千克

调研地区	2020 年	2021 年	变化率（%）
敖汉旗	18.00	20.00	11.11
克什克腾旗	14.00	15.00	7.14
奇台县	18.00	13.00	−27.78
乌鲁木齐县	24.00	23.00	−4.17

数据来源：2021 年度产业经济研究团队农牧户调查问卷。

（二）羊毛价格变动的原因

2021 年，羊毛价格总体呈现年内小幅上涨态势，年底再次小幅下滑，主要原因有以下几个方面：

1. 全球经济持续复苏、大宗商品价格反弹带动羊毛价格上行

2021 年，全球经济持续复苏，主要发达经济体、新兴市场和发展中经济体均呈现明显的增长态势。根据国际货币基金组织（IMF）发布的数据②，2021 年全球经济增长 5.90％，较 2020 年的−3.10％增加了 9.0 个百分点。其中，发达经济体的 GDP 增速为 5.00％，较 2020 年的−4.50％增长了 9.5 个百分点，美国、欧元区、日本和英国的 GDP 增速分别为 5.60％、5.20％、1.60％和 7.20％，均由 2020 年的下滑态势转为正增长；新兴市场和发展中经济体的 GDP 增速为 6.50％，较 2020 年的−2.00％增加了 8.5 个百分点。联合国贸发会议（UNCTAD）指出，2021 年全球贸易增长保持强劲势头，每一季度的货物贸易都在增长，联合国贸发会议（UNCTAD）发布的数据③显示，2021 年全球贸易额将达到约 28 万亿美元，比 2020 年增长约 5.02 万亿美元，涨幅约为 23.00％，其中，货物贸易额将达到约 22 万亿美元的创纪录水平。2021 年，由于疫情管制政策的放松和各国的经济刺激计划，原油、金属、粮

---

① 乌鲁木齐县 2021 年细羊毛价格为未整理的污毛价格，2020 年细羊毛价格为分级整理后的 70 支和 80 支细羊毛平均售价；奇台县 2020 年大量细羊毛积压未售，对 2021 年的价格产生了负向影响。
② 国际货币基金组织（IMF）发布数据来源于其 2022 年 1 月发布的《世界经济展望更新》。
③ 联合国贸发会议（UNCTAD）发布数据来源其 2021 年 12 月发布的全球贸易数据更新报告。

食等大宗商品价格持续上涨。2021 年内，路孚特/核心大宗商品 CRB 指数上涨接近五成，为 1995 年以来的最大涨幅。在全球经济逐步摆脱新冠疫情阴影走向复苏的过程中，需求快速增长，但地缘政治风险导致无法提供充足的供给，对于供不应求的担忧情绪广泛推高了商品价格，进而带动了羊毛价格的上行。

2. 羊毛制品消费需求回暖推动羊毛价格上涨

随着新冠肺炎疫情态势逐步缓解，全球经济恢复增长，羊毛制品消费市场回暖趋势明显。中国毛纺织行业协会数据显示，2021 年，毛纺市场整体规模较 2020 年明显复苏，国内和国际毛纺市场恢复至接近 2019 年水平。以羊毛为主要原料的毛纺产品内销比例持续两年提高，2021 年全年内销市场规模与疫情前的 2019 年相比增长了接近 10 个百分点，毛纺整体内销比例超过 60.00％，较 2020 年提高了 6 个百分点。根据国家统计局数据，2021 年 1—11 月，实体商店服装鞋帽类商品零售总额同比增长 14.90％，穿着类商品的网上零售额增长 11.10％，虽然国内消费市场受疫情多点散发等因素影响，但实体与网络服装零售持续较快增长，国内消费整体呈现明显复苏态势。全球范围内毛纺主要消费市场呈现恢复态势，1—11 月美国进口毛纺产品总计 31.40 亿美元，同比增长 24.00％，欧盟区毛纺消费也在不断恢复，1—8 月进口区外毛纺产品总计约 23 亿美元，同比增长 2.50％。随着国际毛纺消费的恢复，毛纺产品的出口市场也呈现向好态势。根据中国海关数据，1—11 月，毛纺原料及制品出口金额合计 120 亿美元，同比增长 30.00％，为过去 10 年内最高增速，预计全年出口额将超过疫情前 2019 年的水平。随着国内外羊毛消费市场的回暖，羊毛原料需求亦相应增长，推动年内羊毛价格上涨。

3. 优质细羊毛供给不足，导致细支型羊毛价格居高不下

我国细羊毛产量自 2016 年以来持续下降，毛纺加工使用的优质细羊毛每年都需要从澳大利亚等国家进口。根据内蒙古自治区发展和改革委员会调研数据，2021 年内蒙古羊毛产量出现下降态势，其中，锡林郭勒盟羊毛产量预计为 8 682 吨，较 2020 年减少 0.47％；通辽市扎鲁特旗羊毛产量预计为 2 030 吨，较 2020 年减少 20.00％[①]。产业经济研究团队 2021 年对内蒙古、新疆等地细毛羊养殖户的调研数据也显示，2021 年调研地区的细羊毛总产量呈下降态势。

---

① 全区毛绒市场价格情况调查，内蒙古自治区发展和改革委员会，http：//fgw.nmg.gov.cn/ywgz/jfjg/gzdt _ 7446/202107/t20210717 _ 1789062. html。

同时，澳大利亚的细支型羊毛的生产形势也不容乐观。澳大利亚羊毛产量预测委员会数据显示，随着该国干旱状况的改善，羊毛产量呈现小幅增长，该国2020/2021年度羊毛产量为29.4万吨，较2019/2020年度的28.4万吨增长了3.5%，但是羊毛细度略有偏粗，草杂含量偏高，该国目前18.0微米以细的羊毛供给量已经低于三年来的历史平均水平①。我国每年都从澳大利亚进口大量羊毛满足生产加工需要，2020/2021年度中国进口澳大利亚羊毛25.15万吨，其中19微米以细13.05万吨，占比51.88%，2021/2022年度前4个月进口澳毛8.7万吨，其中19微米以细4.8万吨，占比55.4%，国内庞大的细支型羊毛需求导致其价格不断上行，居高不下。

4. 市场不确定性风险增加导致羊毛价格频繁震荡

新冠肺炎疫情散发、限电限产、线下流通与货运不畅、国际贸易政策与局势不明朗等带来的市场不确定性也导致年度内羊毛价格频繁震荡。从国内来看，2020年下半年新冠肺炎疫情得到控制之后，国内经济恢复成效明显，国内服装消费市场呈进一步巩固复苏态势，对上游羊毛原材料的需求回升带动价格上涨，2021年上半年羊毛价格持续上涨，下半年在电力供应紧张背景下，全国多地发布限电通知，浙江、广东等纺织产业集群迎来停电、停产潮，叠加疫情、货运价格因素，羊毛采购需求有所减少，导致羊毛价格开始转入下行。从国外情况来看，在全球经济复苏背景下，澳大利亚、新西兰、南非等羊毛主产区及美国、欧盟等羊毛主要消费地区的新冠肺炎疫情依然严重，由此引发的全球政治、经济形势不稳定、不确定的特点进一步突出，澳原毛、澳毛条市场价格自2021年1月以来涨跌互现，震荡频繁，2021年上半年价格波动上涨，下半年波动下降。总体看，2021年羊毛平均价格略低于2020年平均价格，尚未恢复到疫情前的水平。

二、羊绒价格变动特征及原因

（一）羊绒价格变动特征

1. 2021年羊绒价格呈上涨态势，均价远高于去年

2021年，我国羊绒价格呈上涨态势。12月份我国羊绒价格为296.99元/

---

① James Lillie，澳洲羊毛市场回顾与展望［EB/OL］. http://www.woolmarket.com.cn/zh/shownews.php? id=45795.

千克，较1月份的269.42元/千克，上涨了10.23%（图1-3-3）。

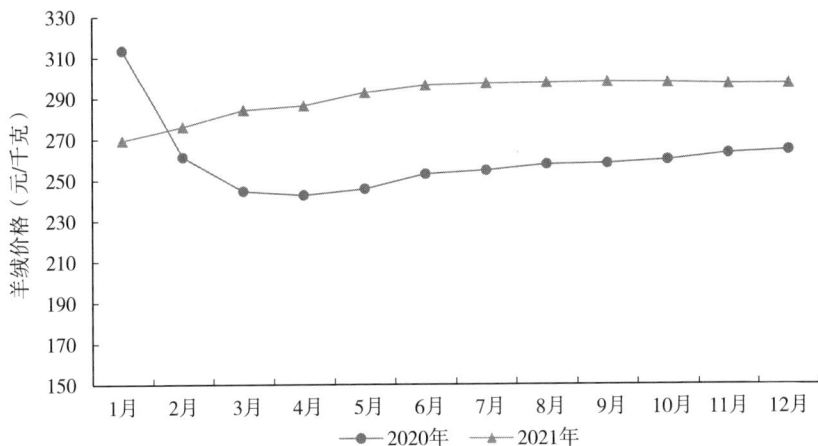

图1-3-3　2020年和2021年我国羊绒价格变化情况
数据来源：清河县羊绒小镇综合管理中心。

　　具体来看，1—6月，国内羊绒价格快速上涨。羊绒价格自1月份的269.42元/千克涨至6月份的296.36元/千克，上涨幅度为10.00%；6—9月，羊绒价格上涨幅度有所减缓，9月份羊绒价格为297.93元/千克，较6月份的羊绒价格上涨了0.53%，为年内最高价格；10—12月，羊绒价格逐渐下跌，12月份我国羊绒价格为296.99元/千克，较9月份的羊绒价格下跌了0.32%。通过计算可知，2021年羊绒平均价格为290.77元/千克，较2020年的259.83元/千克，同比大幅上涨11.91%。

2. 2021年羊绒价格同比大幅增长，下半年同比增幅有所缩小

　　受益于国内外经济形势的好转，羊绒制品消费需求增加，年内羊绒价格同比增幅呈上升态势。羊绒价格同比变化幅度从2021年1月份的同比下降14.08%转为2021年12月的同比增长12.35%。具体来看，仅2021年1月份，羊绒价格低于去年同期水平；自2月份开始，羊绒价格始终远高于去年同期水平。羊绒价格同比增幅自2月份的5.67%升至5月份的19.15%，羊绒价格同比增幅达到最大值；随后，羊绒价格同比增幅有所收窄，羊绒价格同比增幅逐月降至12月份的12.35%（图1-3-4）。

3. 2021年农牧户羊绒销售价格明显上涨

　　根据产业经济研究团队的调研数据，2021年各调研地区羊绒销售价格较

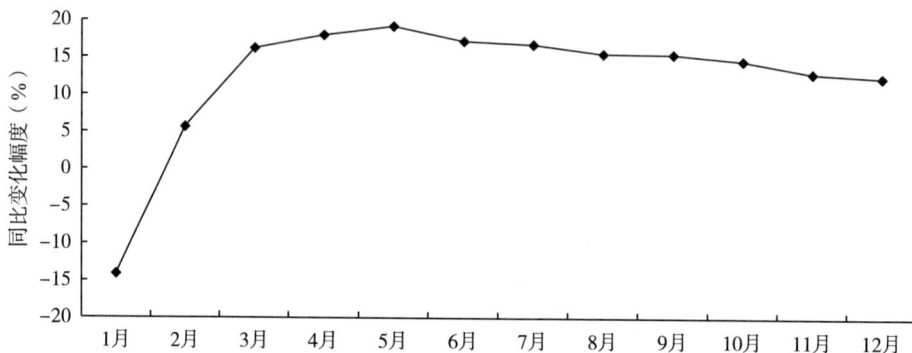

图 1-3-4　2021年我国羊绒价格同比变化情况
数据来源：清河县羊绒小镇综合管理中心。

2020年均大幅上涨。具体来看，盖州市2021年羊绒平均销售价格为340元/千克，较2020年的250元/千克上涨了36.00%；本溪县2021年羊绒平均销售价格为300元/千克，较2020年的180元/千克上涨了66.67%；青龙县2021年羊绒平均销售价格为270元/千克，较2020年的180元/千克上涨了50.00%；宽城县2021年羊绒平均销售价格为280元/千克，较2020年的200元/千克上涨了40.00%（表1-3-2）。

表 1-3-2　各调研县（市）羊绒销售价格

单位：元/千克

调研县（市）	2020 年	2021 年	增减变动（%）
盖州市	250.00	340.00	36.00
本溪县	180.00	300.00	66.67
青龙县	180.00	270.00	50.00
宽城县	200.00	280.00	40.00

数据来源：2021年产业经济研究团队赴辽宁和河北两省调研县农牧局统计资料和访谈记录。

此外，根据内蒙古自治区发改委价格监测中心对该区主产盟市毛绒市场价格情况调查资料显示，2021年全区羊绒收购价格整体处于平稳上升态势。2021年收购初期（3月份），全区羊绒主产地白山羊绒、紫山羊绒平均收购价格分别为260.26元/千克、192.50元/千克。随着收购工作的逐渐展开，羊绒收购价格持续回升，至6月25日该区主产盟市白山羊绒、紫山羊绒平均收购价格分别为 307.50 元/千克、225.00 元/千克，比 2020 年同期价格分别上涨 13.36％、15.38％。

（二）羊绒价格变化的原因

羊绒价格变化是多方面因素共同作用的结果。2021 年羊绒价格持续上涨，主要原因如下：

1. 全球经济回暖，国际羊绒消费需求恢复增长

随着新冠肺炎疫情逐步缓解，2021 年全球经济恢复增长，国际市场的羊绒消费需求回暖。根据国际货币基金组织（IMF）的数据[①]，2021 年全球经济增长率为 5.90％，较 2020 年增加 9.0 个百分点。欧美等羊绒产品主要消费国经济增速回升均较明显。其中，美国经济增速预计为 5.60％，意大利、法国和英国经济增速预计分别为 6.20％、6.70％和 7.20％。在世界各国经济普遍回暖的背景下，国外市场对羊绒原料与制品的消费需求明显增加。根据中国海关数据显示，2021 年我国无毛绒出口量和出口额分别为 4 055.75 吨和 3.29 亿美元，较去年同期分别大幅增长了 51.53％和 71.18％；羊绒衫等羊绒制品出口量和出口额分别为 3 344.14 万件和 8.53 亿美元，较去年同期分别增长了 28.19％和 38.85％。在世界经济恢复增长的背景下，国外市场对羊绒原料与制品的消费需求也逐步回升，国内企业羊绒原料采购需求增长，从而推动了羊绒价格的增长。

2. 国内经济恢复增长，居民收入增长推动羊绒需求增加

2021 年国内各地方政府积极贯彻落实党中央决策部署，坚持新发展理念和稳中求进工作总基调，统筹疫情防控和经济社会发展成效显著，中国经济恢复快速增长。根据国家统计局的数据显示，2021 年中国国内生产总值（GDP）114.37 万亿元，按可比价格计算，较上年增长 8.10％，较 2020 年的 2.30％增加了 5.8 个百分点。在宏观经济迅速增长的同时，全国居民人均可支配收入增幅也大幅提升。根据国家统计局公布数据，2021 年全国居民人均可支配收入实际增长 8.10％，与经济增长基本同步，较 2020 年实际增速（2.10％）大幅提升。宏观经济回暖，居民收入迅速增长，在此背景下，国内羊绒制品的消费需求不断增长。2021 年我国限额以上企业（单位）服装鞋帽、针、纺织品

---

① 数据来源是：国际货币基金组织（IMF）《世界经济展望更新》，2022 年 1 月。

类产品零售额为 13 842 亿元，同比增长 12.70%，增速较 2020 年增加了 19.3 个百分点。羊绒制品作为轻奢产品，具有较高的需求收入弹性，受经济增长影响明显。随着国内经济增速和居民收入增速的提升，羊绒制品的消费亦随之增长，加之国内新冠疫情的有效控制，使得羊绒原料需求增加，羊绒价格上涨。

3. 行业景气度回升，国内消费市场旺盛

2021 年，纺织行业景气度持续位于扩张区间。根据中国纺织工业联合会调查数据，2021 年四个季度，纺织行业景气指数持续处于 50 以上的扩张区间，并且在消费市场持续恢复、限电限产影响缓解等因素推动下，纺织行业景气指数由三季度的 58.7 提升至四季度的 62.3，为 2018 年以来同期最高水平，表明随着疫情防控和产销形势恢复稳定，企业经营信心总体改善，行业经济恢复的基础进一步巩固。纺织行业产能利用率保持良好，生产增速稳中加固。根据国家统计局数据，2021 年，纺织业和化纤业产能利用率分别为 79.50% 和 84.50%，较 2020 年分别提高 6.4 个和 4.0 个百分点。2021 年，纺织行业规模以上企业工业增加值同比增长 4.40%，增速较 2020 年回升 7.0 个百分点。纺织行业持续健康发展，羊绒加工业作为分行业之一，经营状况较好。大型龙头企业营业收入迅速增长，以内蒙古鄂尔多斯羊绒集团为例，根据该公司 2021 年半年报数据显示，2021 年 1—6 月羊绒板块实现营业收入 145.53 亿元，同比增长 45.24%。羊绒企业的发展壮大，提升了羊绒加工能力，使得羊绒加工业对原绒的需求增加，进而促进羊绒价格上涨。此外，国内居民对羊绒衫等服装消费提升。根据中华全国商业信息中心统计数据显示，2021 年 1—12 月，全国百家重点大型零售企业各类服装零售量同比增长 8.20%，增速高于 2020 年同期 22.0 个百分点。行业景气度回升再加上羊绒制品畅销，使得羊绒企业的生产积极性提升，对上游羊绒原料需求增加，推动了羊绒价格上涨。

4. 羊绒产量下降，进口下滑，国内市场供给减少

近年来，我国羊绒价格一直处于较低水平，在一定程度上抑制了农牧民绒山羊的养殖积极性，不利于绒山羊养殖规模的扩大和羊绒产量的提升。此外，受草原载畜量和环境保护压力的限制，绒山羊养殖规模增长空间有限，而且随着羊肉价格居高不下，绒山羊的肉用价值逐年上升，养殖户（企业）更期望饲养"产肉多而非产绒多"的绒山羊或者直接转产肉羊。以上因素导致我国绒山羊的饲养数量逐年下降，山羊绒的产量也随之下降。以国内羊绒第一大产区内蒙古为例，根据内蒙古自治区发改委价格监测中心对该区主产盟市毛绒生产情况的调查资料显示，2021 年该区 9 个羊绒主产盟市预期羊绒产量出现下降。其中，巴彦淖尔市 2021 年羊绒产量约 840 吨，同比下降 2.66%；呼伦贝尔市羊绒产量预计为 90 吨，与 2020 年相比也出现减少。此外，我国原绒进口几乎全部来自蒙古国，受新冠疫情的持续影响，蒙古国阶段性关闭了扎门乌德海关，导致大量羊绒及其制品滞留当地。根据中国海关数据显示，2021 年中国自蒙古国进口羊绒原料 4 730.64 吨，同比下降 24.77%。综上所述，2021 年，中国羊绒产量下降，加之进口渠道不畅，导致国内羊绒市场供给相对有限，从而推动了羊绒价格的上涨。

第四部分

绒毛进出口情况

2021 年，我国羊毛进出口规模较 2020 年均有所增加，羊毛条、羊绒进口规模较 2020 年均有所减少，出口规模均有所增加。本部分主要根据我国海关总署统计数据，总结我国绒毛的总体贸易情况及羊毛、羊毛条、羊绒的进出口贸易情况，并分别对影响绒毛进出口的主要因素进行分析。

一、羊毛进出口基本情况

（一）羊毛及羊毛条整体贸易情况

1. 羊毛进出口量同比均增加，逆差扩大；羊毛条进口量同比减少，出口量同比增加，顺差扩大

由表 1-4-1 和表 1-4-2 可知，2021 年，我国羊毛进口量和进口额分别为 28.70 万吨和 24.05 亿美元，较 2020 年分别增加了 29.16% 和 47.86%；羊毛出口量和出口额分别为 0.73 万吨和 0.39 亿美元，较 2020 年分别增加了 17.74% 和 22.77%。我国羊毛在国际贸易中仍延续逆差格局，净进口量为 27.97 万吨，贸易逆差为 23.66 亿美元，与 2020 年相比分别增加了 29.49% 和 48.37%。

2021 年，我国羊毛条进口量和进口额分别为 0.13 万吨和 0.11 亿美元，较 2020 年分别减少了 49.20% 和 43.74%；羊毛条出口量和出口额分别为 4.15 万吨和 3.72 亿美元，较 2020 年分别增加了 10.46% 和 13.47%。我国羊毛条在国际贸易中表现为顺差格局，净出口量为 4.02 万吨，较 2020 年增加了 14.72%，贸易顺差为 3.61 亿美元，与 2020 年相比增加了 17.14%。

表 1 - 4 - 1　2021 年我国羊毛、羊毛条月度进出口贸易量

单位：万吨

时间	羊毛			羊毛条		
	进口量	出口量	净进口量	进口量	出口量	净出口量
2021 年 1 月	2.63	0.05	2.58	0.01	0.27	0.26
2021 年 2 月	1.49	0.03	1.46	0.00	0.21	0.21
2021 年 3 月	2.62	0.04	2.58	0.02	0.48	0.46
2021 年 4 月	2.90	0.08	2.82	0.01	0.34	0.33
2021 年 5 月	2.96	0.08	2.88	0.00	0.26	0.26
2021 年 6 月	2.61	0.06	2.55	0.02	0.37	0.35
2021 年 7 月	2.31	0.09	2.22	0.01	0.48	0.47
2021 年 8 月	2.80	0.07	2.73	0.01	0.38	0.37
2021 年 9 月	2.31	0.05	2.26	0.01	0.27	0.26
2021 年 10 月	1.72	0.07	1.65	0.00	0.31	0.31
2021 年 11 月	2.20	0.05	2.15	0.01	0.33	0.32
2021 年 12 月	2.15	0.06	2.09	0.02	0.43	0.41
合计	28.70	0.73	27.97	0.13	4.15	4.02

数据来源：中华人民共和国海关总署。

表 1 - 4 - 2　2021 年我国羊毛、羊毛条月度进出口贸易额

单位：万美元

时间	羊毛			羊毛条		
	进口额	出口额	贸易逆差	进口额	出口额	贸易顺差
2021 年 1 月	19 783	274	19 509	111	2 657	2 546
2021 年 2 月	10 939	220	10 719	29	2 302	2 273
2021 年 3 月	20 910	255	20 655	98	3 635	3 537
2021 年 4 月	24 860	349	24 511	63	2 842	2 779
2021 年 5 月	25 339	315	25 024	23	2 447	2 424
2021 年 6 月	21 818	313	21 505	137	3 156	3 019
2021 年 7 月	20 429	355	20 074	52	2 841	2 789
2021 年 8 月	25 744	358	25 386	59	3 581	3 522
2021 年 9 月	20 583	236	20 347	163	2 429	2 266
2021 年 10 月	13 208	461	12 747	15	3 632	3 617

（续）

时间	羊毛			羊毛条		
	进口额	出口额	贸易逆差	进口额	出口额	贸易顺差
2021 年 11 月	19 194	389	18 805	86	3 469	3 383
2021 年 12 月	17 682	395	17 287	278	4 230	3 952
合计	240 489	3 920	236 569	1 114	37 221	36 107

数据来源：中华人民共和国海关总署。

2. 我国羊毛、羊毛条进出口贸易国均较为集中

2021 年，我国羊毛进口来源国比较集中，前五大进口来源国依次是澳大利亚、新西兰、南非、英国和蒙古国。其中，仅从澳大利亚一国的羊毛进口量就高达 18.10 万吨，占当年我国羊毛进口总量的 63.03%；从新西兰、南非、英国和蒙古国进口羊毛总量分别为 3.02 万吨、2.14 万吨、0.82 万吨和 0.62 万吨，占我国羊毛进口总量的比重分别为 10.52%、7.47%、2.85%和 2.16%。

2021 年，我国羊毛五大出口目的国依次是意大利、日本、英国、尼泊尔和丹麦。其中，我国对意大利羊毛出口量为 0.13 万吨，占羊毛出口总量的比重为 18.06%；对日本、英国、尼泊尔和丹麦的羊毛出口量分别为 0.12 万吨、0.12 万吨、0.09 万吨和 0.06 万吨，分别占我国羊毛出口总量的 16.67%、16.67%、12.50%和 8.33%（表 1-4-3）。

表 1-4-3　2021 年我国羊毛主要进出口国的贸易量及比重

单位：万吨,%

排名	进口			出口		
	国家	进口量	比重	国家	出口量	比重
1	澳大利亚	18.10	63.03	意大利	0.13	18.06
2	新西兰	3.02	10.52	日本	0.12	16.67
3	南非	2.14	7.47	英国	0.12	16.67
4	英国	0.82	2.85	尼泊尔	0.09	12.50
5	蒙古国	0.62	2.16	丹麦	0.06	8.33
合计		24.70	86.03		0.52	72.23

数据来源：中华人民共和国海关总署。

2021年，我国羊毛条进口来源国也比较集中，前五大进口来源国依次是玻利维亚、阿根廷、乌拉圭、泰国、匈牙利。其中，玻利维亚、阿根廷和乌拉圭是2021年我国羊毛条的主要来源国，从以上三个国家的羊毛条进口量合计为0.09万吨，占羊毛条进口总量的比重为75.00%；从其他两个国家的羊毛条进口量合计为0.02万吨，占羊毛条进口总量的比重为16.66%。

2021年，我国羊毛条的五大出口目的国依次是印度、意大利、德国、韩国和日本。对印度、意大利、德国、韩国和日本出口羊毛总量分别为1.63万吨、0.47万吨、0.45万吨、0.36万吨和0.25万吨，占我国羊毛出口总量的比重分别为39.29%、11.30%、10.90%、8.69%和6.08%（表1-4-4）。

表1-4-4　2021年我国羊毛条主要进出口国的贸易量及比重

单位：万吨，%

排名	进口			出口		
	国家	进口量	比重	国家	出口量	比重
1	玻利维亚	0.03	25.00	印度	1.63	39.29
2	阿根廷	0.03	25.00	意大利	0.47	11.30
3	乌拉圭	0.03	25.00	德国	0.45	10.90
4	泰国	0.01	8.33	韩国	0.36	8.69
5	匈牙利	0.01	8.33	日本	0.25	6.08
合计		0.11	91.66		3.16	76.26

数据来源：中华人民共和国海关总署。

3. 我国羊毛主要贸易省份是江苏、浙江、上海，羊毛条主要贸易省份是江苏、浙江、天津

2021年，我国羊毛进口量居前五位的省市依次是江苏、浙江、北京、山东和上海，该五省市羊毛进口量合计为25.69万吨，占当年我国羊毛进口总量的89.45%。其中，江苏省羊毛进口量位居第一，全年进口量达到14.01万吨，占我国当年羊毛进口总量的48.78%；浙江省羊毛进口量位居第二，为5.43万吨，占我国当年羊毛进口总量的18.91%；北京、山东和上海位居其次，羊毛进口量分别为3.07万吨、1.71万吨和1.47万吨，占比分别为10.70%、5.94%和5.12%。

2021年，我国羊毛出口量居前五位的省市依次是江苏、河北、西藏、上

海和浙江，该五省的羊毛出口量合计为 0.73 万吨，占我国当年羊毛出口总量
的 98.64%。其中，江苏省羊毛出口量位居全国第一，其年度出口量达 0.38
万吨，占我国当年羊毛出口总量的 51.35%；河北省羊毛出口量居第二位，为
0.21 万吨，占我国当年羊毛出口总量的 28.38%；西藏、上海和浙江羊毛出口
量分别为 0.08 万吨、0.03 万吨和 0.03 万吨，分别占我国当年羊毛出口总量
的 10.81%、4.05% 和 4.05%（表 1-4-5）。

表 1-4-5　2021 年我国羊毛主要进出口省份的贸易量及比重

单位：万吨，%

排名	进口			出口		
	省份	进口量	比重	省份	出口量	比重
1	江苏	14.01	48.78	江苏	0.38	51.35
2	浙江	5.43	18.91	河北	0.21	28.38
3	北京	3.07	10.70	西藏	0.08	10.81
4	山东	1.71	5.94	上海	0.03	4.05
5	上海	1.47	5.12	浙江	0.03	4.05
合计		25.69	89.45		0.73	98.64

数据来源：中华人民共和国海关总署。

2021 年，我国羊毛条进口量居前五位的省份依次是江苏、北京、浙江、
天津和内蒙古，该五省份羊毛条进口量合计为 1 270.48 吨，占当年我国羊毛
条进口总量的 100.00%。其中，江苏省羊毛条进口量位居全国第一，达 565.56
吨，占我国当年羊毛条进口总量的 44.52%；北京市羊毛条进口量位居第二，为
394.39 吨，占我国当年羊毛条进口总量的 31.04%；浙江省羊毛条进口量位居第
三，为 233.61 吨，占我国当年羊毛条进口总量的 18.39%；天津和内蒙古有少
量进口，其进口量分别为 67.72 吨和 9.20 吨，分别占 5.33% 和 0.72%。

2021 年，我国羊毛条出口量居前五位的省份依次是江苏、河北、浙江、
天津和上海，该五省份羊毛条出口量合计为 40 979.96 吨，占我国当年羊毛条
出口总量的 98.73%。其中，江苏省的羊毛条出口量位居全国第一，其年度出
口量达 18 065.28 吨，占我国当年羊毛条出口总量的 43.52%；河北省羊毛条
出口量位居第二，为 15 556.32 吨，占我国羊毛条出口总量的 37.48%；浙江
省羊毛条出口量位居第三，为 4 524.59 吨，占我国羊毛条出口总量的

10.90%；天津市羊毛条出口量位居第四，为1 596.15吨，占我国羊毛条出口总量的3.85%；上海市羊毛条出口量位居第五，为1 237.62吨，占我国羊毛条出口总量的2.98%（表1-4-6）。

表1-4-6　2021年我国羊毛条主要进出口省份的贸易量及比重

单位：万吨，%

排名	进口			出口		
	省份	进口量	比重	省份	出口量	比重
1	江苏	565.56	44.52	江苏	18 065.28	43.52
2	北京	394.39	31.04	河北	15 556.32	37.48
3	浙江	233.61	18.39	浙江	4 524.59	10.90
4	天津	67.72	5.33	天津	1 596.15	3.85
5	内蒙古	9.20	0.72	上海	1 237.62	2.98
合计		1 270.48	100.00		40 979.96	98.73

数据来源：中华人民共和国海关总署。

（二）羊毛贸易情况

1. 羊毛月度出口量相对稳定，进口量起伏较大

2021年1月以来，我国羊毛每月出口数量较少且相对稳定，基本维持在200～800吨水平，平均每月出口量为600吨。羊毛每月进口量远大于出口量，且月度进口量起伏较大。由图1-4-1可知，2021年2月份我国羊毛进口量最少，仅为1.49万吨，5月份羊毛进口量最多，为2.96万吨，是2月份的1.99倍。从进出口品种看，我国羊毛贸易的主要品种是原毛和洗净毛，还有少量的羊毛落毛和羊毛废料。其中，羊毛进口以原毛为主，出口以洗净毛为主。2021年，原毛、洗净毛、羊毛落毛和羊毛废料的进口量占羊毛总进口量的比例依次为85.14%、14.49%、0.34%和0.03%；上述四个品种占羊毛总出口量的比例依次为1.49%、80.07%、18.40%和0.04%。

2. 原毛进出口量同比均增加

2021年，我国原毛进口量为24.45万吨，同比增加30.75%；进口额为23.21亿美元，同比增加49.45%。原毛主要进口来源国有澳大利亚、南非、新西兰、西班牙和英国等，从这五个国家的合计进口量占原毛进口总量的

万吨

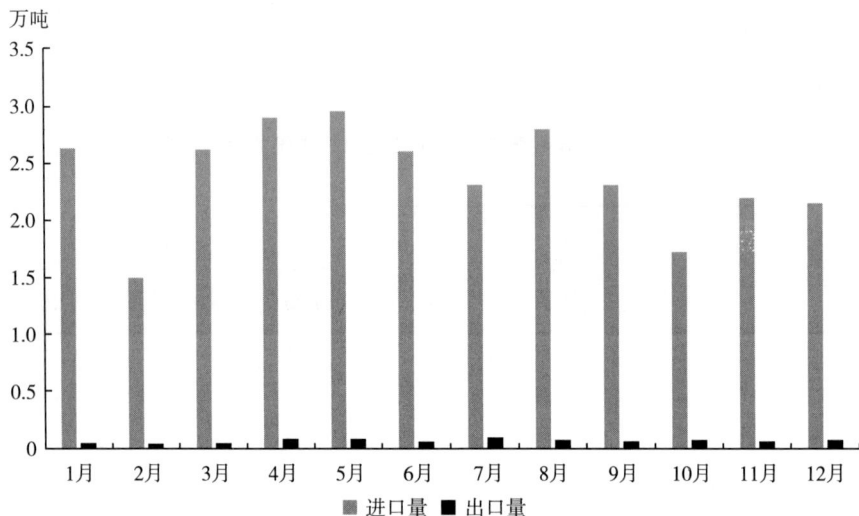

图 1-4-1 2021年1—12月我国羊毛进出口量变化情况
数据来源：中华人民共和国海关总署。

93.30%；主要进口省市是江苏、浙江、北京、上海和山东，合计进口量占原毛进口总量的95.60%。2020年我国原毛出口量为0，2021年我国原毛出口量为107.45吨，出口额为31.16万美元。原毛全部经西藏出口至尼泊尔。

3. 洗净毛进出口量同比均增加

2021年，我国洗净毛进口量为4.16万吨，同比增加20.93%；进口额为0.79亿美元，同比增加12.86%。洗净毛主要从新西兰、蒙古国、土耳其、俄罗斯和英国等国进口，从上述五个国家的合计进口量占洗净毛进口总量的74.41%；主要进口省市是江苏、山东、内蒙古、天津和河北，该五省市进口量占洗净毛进口总量的76.42%。

2021年，我国洗净毛出口量为0.58万吨，同比增加20.83%；出口额为0.27亿美元，同比增加22.73%。洗净毛主要出口至意大利、日本、英国、尼泊尔和丹麦，对这五个国家的合计出口量占洗净毛出口总量的70.54%；主要出口省市有江苏、河北、西藏、上海和浙江，合计出口量占洗净毛出口总量的98.59%。

4. 羊毛落毛进出口量同比均增加

2021年，我国羊毛落毛进口量为0.10万吨，同比增加25.00%；进口额为0.04亿美元，同比增加5.9%。羊毛落毛主要从阿根廷、捷克、乌拉圭、意大利、美国和中国台湾进口，从上述五个地区的合计进口量占羊毛落毛进口总量的 71.97%；进口省市是江苏、上海、浙江、北京和山东，合计进口量占羊毛落毛进口总量的 100.00%。

2021 年，羊毛落毛出口量为 0.13 万吨，同比增加 3.15%；出口额为 0.11 亿美元，同比增加 14.65%。羊毛落毛主要出口至意大利、日本、毛里求斯、德国和韩国，对这五个国家的合计出口量占羊毛落毛出口总量的 96.21%。出口省份非常集中，全部由江苏、浙江和河北出口。

5. 羊毛废料进口量同比增加，出口量同比减少

2021 年，我国羊毛废料进口量为 66.05 吨，是 2020 年进口量的 3.04 倍；进口额为 26.52 万美元，是 2020 年进口额的 2.05 倍。羊毛废料主要经江苏自越南进口。

2021 年，羊毛废料出口量为 2.79 吨，同比减少 17.67%；出口额为 2.63 万美元，同比减少 29.49%。羊毛废料出口省份是上海和江苏，占比分别为 92.34% 和 7.66%；羊毛废料主要出口至意大利和日本，占比分别为 92.34% 和 7.66%。

(三) 羊毛条贸易情况

1. 羊毛条月度进出口量起伏波动，呈贸易顺差

2021 年，我国羊毛条月度进出口量起伏波动，出口量远大于进口量，呈现贸易顺差。由图 1-4-2 可知，2021 年 2 月份我国羊毛条进口量最少，仅为 22.72 吨，6 月份羊毛条进口量最多，为 248.41 吨，是 2 月份的 10.93 倍。我国羊毛条出口量远大于进口量，2 月份出口量最少，仅为 2 103.94 吨；7 月份羊毛条出口量最多，为 4 842.08 吨。从进出口品种看，我国羊毛条贸易的主要品种是羊毛条及其他精梳羊毛，还有少量的粗梳羊毛和精梳羊毛片毛。2021 年，羊毛条及其他精梳羊毛的进口量占羊毛条总进口量的比例为 96.22%，羊毛条及其他精梳羊毛、粗梳羊毛和精梳羊毛片毛的出口量占羊毛条总出口量的比例依次为 56.14%、41.74% 和 1.37%。

2. 羊毛条及其他精梳羊毛进口量同比减少，出口量同比均增加

2021 年，我国羊毛条及其他精梳羊毛进口量为 0.12 万吨，同比减少 52.00%；进口额为 1 098.42 万美元，同比减少 44.48%。羊毛条及其他精梳羊毛主要从玻利维亚、阿根廷、乌拉圭、泰国和匈牙利等国进口，从上述五个

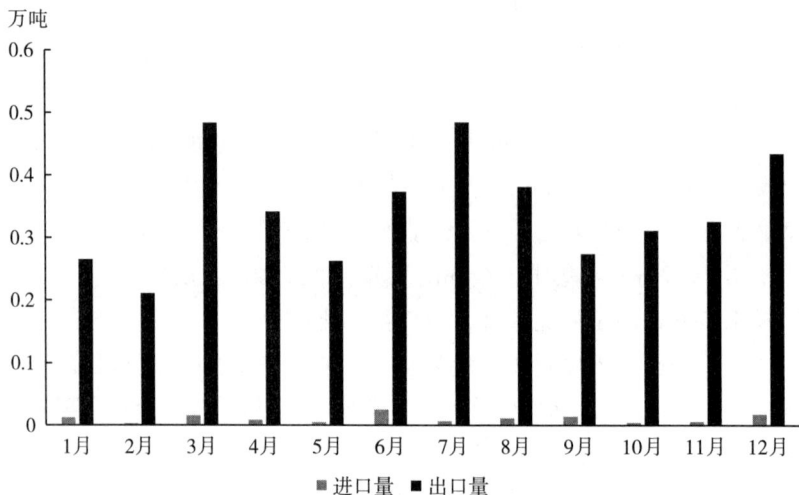

图 1-4-2　2021 年 1—12 月我国羊毛条进出口量变化情况
数据来源：中华人民共和国海关总署。

国家的合计进口量占羊毛条及其他精梳羊毛进口总量的 89.64%；主要进口省市是江苏、北京和浙江，三省市进口量占羊毛条及其他精梳羊毛进口总量的 94.46%。

2021 年，我国羊毛条及其他精梳羊毛出口量为 2.33 万吨，同比增加 3.56%；出口额为 3.19 亿美元，同比增加 8.87%。羊毛条及其他精梳羊毛主要出口至意大利、德国、韩国、日本和越南，对这五个国家的出口量共占羊毛条及其他精梳羊毛出口总量的 68.37%；出口省市主要是江苏、浙江和上海，这三个省市出口量占羊毛条及其他精梳羊毛出口总量的 99.69%。

3. 粗梳羊毛进出口量同比均增加

2021 年，我国粗梳羊毛进口量为 48.05 吨，较 2020 年的 0.02 吨增加了 48.03 吨；进口额为 15.02 万美元，较 2020 年的 0.12 万美元增加了 14.90 万美元。粗疏羊毛从马来西亚和蒙古国进口，占比分别为 80.85% 和 19.15%；主要由江苏和内蒙古两省区进口，占比分别为 80.85% 和 19.15%。

2021 年，我国粗梳羊毛出口量为 1.73 万吨，同比增加 18.49%；出口额为 4 687.23 万美元，同比增加 50.61%。粗疏羊毛主要出口至印度、德国、韩国、英国和美国，对这五个国家的合计出口量占粗梳羊毛出口总量的 99.28%；主要出口省份是河北和天津，两省（市）出口量占粗梳羊毛出口总量的 98.97%。

4. 精梳羊毛片毛进口量同比减少，出口量同比增加

2021年我国精梳羊毛片毛进口量为零。2021年精梳羊毛片毛出口量为570.09吨，同比增加54.27%；出口额为669.67万美元，同比增加70.41%。精梳羊毛片毛主要出口至英国、德国、土耳其、意大利和新西兰，对这五个国家的合计出口量占精梳羊毛片毛出口总量的94.16%；出口省市是江苏和上海，占比分别为97.80%和2.20%。

二、我国羊毛进出口变动的主要原因

（一）我国羊毛进口变动的主要原因

1. 国际市场羊毛制品需求增长带动羊毛原料进口增加

2021年全球经济呈现复苏态势。根据2022年1月国际货币基金组织（IMF）发布的报告显示，2021年世界经济增速约为5.90%。其中，发达经济体GDP增速为5.00%，较2020年提高9.5个百分点，美国、欧元区的GDP增速分别为5.60%、5.20%，较2020年分别提高9.0个、11.6个百分点；新兴市场和发展中经济体的GDP增速为6.50%，较2020年提高8.5个百分点。欧美发达国家及部分新兴市场是世界主要羊毛及其制品消费国，在世界经济持续复苏的背景下，欧美及新兴市场经济的增长使得国际市场对羊毛制品的消费需求显著增加。根据中国海关总署的数据显示，2021年中国羊毛纱线出口量为1.77万吨，较2020年大幅增长14.85%；羊毛衫出口量为2.12万吨，较2020年大幅增加23.26%。国际市场羊毛制品消费需求增加使得国内羊毛加工企业订单增加，对羊毛原料需求增加，进而使得羊毛进口规模增加。

2. 国内羊毛制品消费增加促进羊毛原料进口增加

2021年中国经济强劲增长。根据国家统计局的数据显示，2021年中国国内生产总值（GDP）增长速度为8.10%，较2020年的2.30%增加了5.8个百分点。在宏观经济稳中向好的同时，全国居民人均可支配收入保持高速增长。根据国家统计局公布数据，2021年全国居民人均可支配收入同比名义增长9.10%，扣除价格因素实际增长8.10%，仍保持较高增速。居民收入的增长使得羊毛制品零售市场需求旺盛，进而促进了羊毛加工企业的投资和生产。根据中华全国商业信息中心的数据显示，2021年全国百家重点大型服装零售企

业零售额继续保持增长态势，同比增加 8.2%。国家统计局的相关数据显示，2021 年 1—12 月限额以上企业（单位）服装鞋帽、针、纺织品类产品零售额同比增加 12.70%。由于国内羊毛制品终端需求较为旺盛，导致羊毛原料的进口积极性增加。

3. 国内羊毛产量下降，有效供给不足，促使羊毛进口扩大

近年来，受中美贸易摩擦、新冠肺炎疫情影响，羊毛价格一直在较低的水平徘徊，同时活羊销售价格显著上升，导致羊肉较羊毛的比价优势进一步凸显。农牧户逐渐转产养殖肉羊或肉毛兼用型羊，导致国内毛用羊养殖规模下降，进而使得国内羊毛供给规模下降。内蒙古自治区发展和改革委员会的统计数据显示，2021 年内蒙古羊毛预期产量出现下降，其中，锡林郭勒盟羊毛产量预计为 8 682 吨，较 2020 年减少 0.47%；通辽市扎鲁特旗羊毛产量预计为 2 030 吨，较 2020 年减少 20%。产业经济研究团队调研数据显示，2021 年调研地区的细羊毛总产量呈下降态势，2021 年调研地区细羊毛总产量为 1 813.95 吨，较 2020 年减少了 4.51%。中国是世界上最主要的羊毛制品加工国，国内羊毛尤其是细羊毛产量本就不足以满足国内的加工需求，在国内外羊毛制品消费需求增加的背景下，国内羊毛尤其是细羊毛产量下降，使得羊毛供需缺口进一步扩大，促使国内羊毛加工企业通过扩大羊毛进口来满足对原材料的加工需求。

（二）我国羊毛出口变动的主要原因

1. "一带一路"建设和 RCEP 协议的签署促进羊毛出口规模扩大

随着"一带一路"倡议的提出，我国与"一带一路"沿线国家和地区的经贸往来日益频繁，贸易规模不断扩大。近年来，为布局全球产业链，我国毛纺织业不断加强与"一带一路"沿线国家和地区的合作，加大对"一带一路"沿线国家和地区的投资，天虹、申洲、雅戈尔等中资企业纷纷在越南、柬埔寨、印度尼西亚等东盟国家投资建厂，这使得其服装订单大量向柬埔寨、越南、印度尼西亚等东盟国家转移，我国对东盟国家的羊毛出口也不断增加。此外，2020 年 11 月 15 日，我国与东盟十国、日本、韩国、澳大利亚和新西兰共 15 个国家正式签署区域全面经济伙伴关系协定（RCEP），2021 年 3 月 22 日，我国完成 RCEP 核准，成为率先批准协定的国家。RCEP 释放出的利好前景使得各成员国间合作关系稳步推进，促进了我国羊毛出口。"一带一路"倡议和

RCEP 协议的签署使得我国对相关国家和地区的羊毛出口贸易量明显增长，根据中国海关统计数据，2021 年我国对日本、韩国、越南、印度尼西亚、尼泊尔等国家的羊毛出口量合计为 0.24 万吨，较 2020 年增长了 25.99%。

2. 消费者信心上升，国际采购力提高

2021 年，全球经济持续复苏，欧盟等我国羊毛主要出口国经济均明显增长，且消费者信心指数也呈现波动上升趋势。据欧盟执委会公布数据，2021 年欧元区消费者信心指数波动增加，从 2021 年 1 月的 −15.5 增长至 2021 年 12 月的 −8.3。欧盟是世界最大的羊毛消费地区，该地区消费者信心上升，使得羊毛制品消费需求较 2020 年有所增加，进而导致当地市场羊毛和羊毛条采购力提高。根据海关统计数据计算，2020 年我国对欧洲地区羊毛主要消费国英国和意大利的羊毛合计出口量较 2020 年增加了 4.17%。

三、羊绒进出口基本情况

（一）羊绒整体贸易情况

1. 羊绒进口量同比减少，出口量同比增加，逆差缩减

2021 年，我国羊绒进口量为 4 747.44 吨，较 2020 年的 6 331.89 吨减少 25.02%；羊绒进口额为 21 088.60 万美元，较 2020 年的 21 098.36 万美元减少 0.05%；羊绒出口量为 51.76 吨，较 2020 年的 18.80 吨增加 175.31%；羊绒出口额为 250.43 万美元，较 2020 年的 69.21 万美元增加 261.84%。近五年，除 2020 年和 2021 年有少量羊绒出口外，其他年份我国羊绒出口量一直为零[①]。羊绒在国际贸易中延续逆差格局，2021 年贸易逆差为 20 838.18 万美元，与 2020 年相比微降 0.91%（表 1-4-7）。

表 1-4-7　2021 年我国羊绒月度进出口贸易变化情况

时间	山羊绒贸易量（吨）			山羊绒贸易额（万美元）		
	进口量	出口量	净进口量	进口额	出口额	逆差
2021 年 1 月	192.13	14.00	178.13	697.34	55.19	642.16

---

① 近年来，我国羊绒出口极少，几乎为零，故后文不再对羊绒出口及影响因素进行相关分析。

（续）

时间	山羊绒贸易量（吨）			山羊绒贸易额（万美元）		
	进口量	出口量	净进口量	进口额	出口额	逆差
2021 年 2 月	87.82	0.00	87.82	302.14	0.00	302.14
2021 年 3 月	84.14	0.00	84.14	308.7	0.00	308.70
2021 年 4 月	281.42	0.00	281.42	942.42	0.00	942.42
2021 年 5 月	1 335.97	0.00	1 335.97	5 874.89	0.00	5 874.89
2021 年 6 月	1 893.69	0.00	1 893.69	8 813.78	0.00	8 813.78
2021 年 7 月	0.00	0.00	0.00	0.00	0.00	0.00
2021 年 8 月	0.00	0.00	0.00	0.00	0.00	0.00
2021 年 9 月	92.83	8.80	84.03	435.36	45.24	390.12
2021 年 10 月	0.00	8.80	−8.80	0.00	46.04	−46.04
2021 年 11 月	282.11	1.84	280.27	1 371.20	8.83	1 362.37
2021 年 12 月	497.33	18.32	479.01	2 342.77	95.12	2 247.64
合计	4 747.44	51.76	4 695.68	21 088.60	250.43	20 838.18

数据来源：中华人民共和国海关总署。

2. 羊绒进口来源国比较集中，主要来自蒙古国

我国主要从蒙古国进口羊绒，2021 年从该国进口羊绒 4 730.64 吨，占当年羊绒进口总量的 99.65%；进口额为 21 078.50 万美元，占当年羊绒进口总额的 99.95%。此外，还从阿富汗进口少量羊绒，进口量为 16.80 吨，占我国羊绒进口总量的 0.35%；进口额为 10.10 万美元，占当年羊绒进口总额的 0.05%（表 1-4-8）。

表 1-4-8　2021 年我国羊绒主要进口国及其占比

单位：吨，万美元，%

排名	国家	进口量	进口量比重	进口额	进口额比重
1	蒙古国	4 730.64	99.65	21 078.50	99.95
2	阿富汗	16.80	0.35	10.10	0.05
合计		4 747.44	100.00	21 088.60	100.00

数据来源：中华人民共和国海关总署。

3. 我国羊绒主要贸易省份是河北、内蒙古、北京、宁夏和陕西

2021年，我国羊绒主要进口地区是河北、内蒙古、北京、宁夏和陕西。其中，河北羊绒进口量居全国第一，其进口量为3 289.56吨，占我国羊绒进口总量的69.29%；进口额为14 183.49万美元，占我国羊绒进口总额的67.26%。其次为内蒙古，其羊绒进口量为1 183.10吨，占我国羊绒进口总量的24.92%；进口额为5 597.50万美元，占我国羊绒进口总额的26.54%。第三位是北京，其羊绒进口量为113.81吨，占我国羊绒进口总量的2.40%；进口额为535.43万美元，占我国羊绒进口总额的2.54%。第四位是宁夏，其羊绒进口量为108.19吨，占我国羊绒进口总量的2.28%；进口额为595.03万美元，占我国羊绒进口总额的2.82%。第五位是陕西，其羊绒进口量为35.98吨，占我国羊绒进口总量的0.76%；进口额为167.05万美元，占我国羊绒进口总额的0.79%。此外，还有少量羊绒经由天津进口，进口量为16.80吨，占我国羊绒进口总量的比重为0.35%；进口额为10.10万美元，占我国羊绒进口总额的0.05%（表1-4-9）。

表1-4-9　2021年我国羊绒主要进口省份及其占比

单位：吨，万美元，%

排名	省份	进口量	比重	进口额	比重
1	河北	3 289.56	69.29	14 183.49	67.26
2	内蒙古	1 183.10	24.92	5 597.50	26.54
3	北京	113.81	2.40	535.43	2.54
4	宁夏	108.19	2.28	595.03	2.82
5	陕西	35.98	0.76	167.05	0.79
合计		4 730.64	99.65	21 078.50	99.95

数据来源：中华人民共和国海关总署。

（二）羊绒分品种贸易情况

1. 羊绒进口主要集中在5—6月

2021年我国羊绒进口月份相对集中，如图1-4-3所示，1—3月，我国羊绒进口量较少且逐渐下降，1月份羊绒进口量为192.13吨，2月份羊绒进口量下降至87.82吨，3月份羊绒进口量进一步下降至84.14吨；4月，羊绒进

口量回升至 281.42 吨；5 月，我国羊绒进口量快速升至 1 335.97 吨；6 月，
我国羊绒进口量进一步增至 1 893.69 吨，占全年羊绒进口总量的 39.89%，达
到全年羊绒进口的峰值；7—10 月受两国新冠肺炎疫情影响，中蒙两国海关也
随之加强了对进出口产品的管制，大量羊绒积压在扎门乌德县无法进入国内，
仅在 9 月份进口羊绒 92.83 吨；随着疫情形势的好转和海关消毒设施的完善，
11—12 月羊绒进口量逐渐恢复，进口量分别为 282.11 吨和 497.33 吨。

我国羊绒主要贸易品种为未梳其他山羊绒和未梳喀什米尔山羊绒。2021
年，我国羊绒进口品种主要为未梳其他山羊绒，其进口量占我国山羊绒进口总
量的 99.65%，未梳喀什米尔山羊绒进口较少，其进口量仅占我国山羊绒进口
总量的 0.35%。

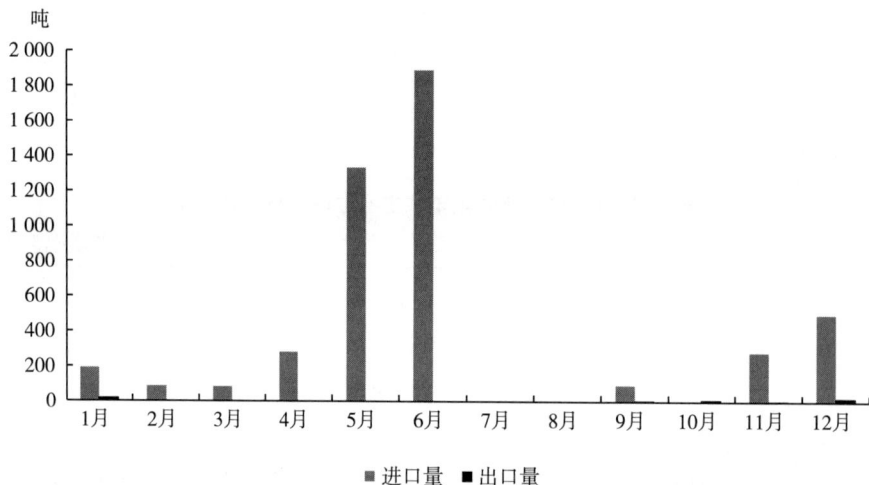

图 1-4-3　2021 年 1—12 月我国羊绒贸易量变化情况
数据来源：中华人民共和国海关总署。

2. 未梳其他山羊绒进口量同比下降

2021 年，我国未梳其他山羊绒进口为 4 730.64 吨，较 2020 年的 6 315.89
吨同比下降 25.10%；进口额为 21 078.50 万美元，较 2020 年的 21 088.73 万
美元微降 0.05%。未梳其他山羊绒全部自蒙古国进口，其中，进口量为
4 730.64 吨，同比下降 25.10%；进口额为 21 078.50 万美元，同比微降
0.05%。2021 年，我国未梳喀什米尔山羊绒全部经由阿富汗进口，其中，进
口量为 16.80 吨，进口额为 10.10 万美元。

我国未梳其他山羊绒主要进口省市是河北、内蒙古和北京，其中，河北进口 3 289.56 吨，占我国未梳其他山羊绒进口总量的 69.54％；进口额为 14 183.49 万美元，占我国未梳其他山羊绒进口总额的 67.29％。内蒙古进口 1 183.10 吨，占我国未梳其他山羊绒进口总量的 25.01％；进口额为 5 597.50 万美元，占我国未梳其他山羊绒进口总额的 26.56％。北京进口 113.81 吨，占我国未梳其他山羊绒进口总量的 2.41％；进口额为 535.43 万美元，占我国未梳其他山羊绒进口总额的 2.54％。此外，还从宁夏和陕西进口少量未梳其他山羊绒，进口总量合计为 144.17 吨，占我国未梳其他山羊绒进口总量的 3.05％；进口额合计为 762.08 万美元，占我国未梳其他山羊绒进口总额的 3.62％。未梳喀什米尔山羊绒进口省份是天津，其中，进口量为 16.80 吨，进口额为 10.10 万美元。

四、我国羊绒进口变动的主要原因

2021 年，我国羊绒进口量同比减少。总体来看，影响我国羊绒进口的因素大致可以归为以下几方面。

1. 蒙古国羊绒产业升级，可出口羊绒原料减少

蒙古国是我国最主要的羊绒进口来源国，我国自蒙古国进口的羊绒数量长期占我国羊绒进口总量的 90％以上。但 2018 年起蒙古国启动了"羊绒振兴计划"，计划将本国羊绒原料的国内加工率由 30％提高至 60％，旨在壮大本国羊绒加工产业，促进本国羊绒产业的转型升级，提高国际竞争力。2021 年 4 月蒙古国农业、食品和轻工业部再次提出减少清洗羊绒出口，增加羊绒制品的生产和出口。此外，2021 年 2 月蒙古国政府通过"保护健康并振兴经济的 10 万亿图格里克综合计划"，该计划将向 47 家羊绒和皮革行业企业提供贷款 1 009 亿图格里克，用于羊绒制品的生产和销售。蒙古国对羊绒原料出口规模的控制，使羊绒原料更多地用于国内羊绒制品生产，最终使得蒙古国可供出口的羊绒原料减少，我国从蒙古国进口羊绒原料的难度增加。

2. 新冠肺炎疫情反复，羊绒进口路径受阻

2021 年，蒙古国新冠肺炎疫情反复，尤其新冠变异病毒德尔塔和奥密克戎等毒株的出现使得疫情更加持久，对中蒙两国的羊绒贸易造成严重影响，羊绒进口路径受阻，羊绒进口数量减少。2021 年 6 月，新冠肺炎变异病毒德尔塔毒株在蒙古国出现，导致单日新增确诊病例连续多日超 2 000 例。蒙古国政府决定将疫情防控高度戒备状态的实施期限延长至 8 月 31 日，多个省份先后进入疫情防控全民戒备状态。中蒙两国海关也随之加强了对进出口产品的管制，对中蒙两国公路货运造成影响，大量羊绒滞留在扎门乌德县无法进入国内[①]。此后，随着中蒙两国边境陆运通道消毒设施的完善，蒙古国羊绒短期进入我国。但 2021 年 10 月，内蒙古二连浩特爆发新冠肺炎疫情，二连海关羊绒贸易再次中断。到 11 月，随着本土确诊病例清零，二连浩特进出口贸易才逐渐恢复正常，蒙古国羊绒开始经二连海关进入我国。根据中国海关总署的统计数据，2021 年自蒙古进口的羊绒数量仅为前四年进口量平均值的 76.36%，仅是蒙古国 2021 年羊绒储备量的 48.94%[②]。

3. 羊绒加工企业生产成本上升，企业经营趋谨慎

受原料价格和能源价格上涨等不利因素的影响，羊绒加工企业生产成本上升，企业经营趋谨慎，对羊绒原料需求下降。首先，从羊绒原料价格来看，2021 年羊绒进口价格大幅上涨，根据中国海关总署的进口数据，2021 年我国自蒙古国进口羊绒的平均价格为 44.56 美元/千克，较 2020 年上涨了 30.71%，同时，根据意大利羊绒加工企业 Schneider 集团提供的羊绒价格指数可知，蒙古国羊绒价格年内呈现上涨趋势，价格指数由 84.1 上涨至 129.1，国际羊绒原料价格的大幅上涨，导致羊绒加工企业生产成本大幅增加。其次，2021 年我国全面推动"双控"目标落地，能源供应紧张，这使得燃料价格上涨，进而导致羊绒加工企业生产成本上升。根据国家统计局数据显示，2021 年燃料动力类工业生产者购进价格较 2020 年上涨 20.5%。羊绒加工企业生产成本上升，挤压了企业的盈利空间，企业面临的风险增加，国内羊绒加工企业大多不敢贸然采购过多的羊绒原料，而主要根据实际订单量来安排自身羊绒原料的进口规模，对羊绒的进口需求有所下降。

---

① 蒙古国羊绒主要通过扎门乌德海关出口，经过二连海关进入我国。
② 蒙古国国家通讯社官网，2021 年蒙古国羊绒储备总量将达约 9 700 吨，https://gogo.mn/r/24m1q。

第五部分

现有绒毛用羊相关扶持政策及评价

　　我国畜牧业正处于向现代畜牧业转型的关键时期，绒毛用羊产业是我国畜牧业的重要组成部分，国家逐步加大了在草原生态、标准化规模化养殖、金融保险等方面的政策扶持力度，使我国绒毛产业发展的进程不断加快。本部分主要分析国家和地方政府现有绒毛用羊产业相关政策措施，并利用产业经济研究团队 2021 年 7—8 月调研数据对现有扶持政策的效果进行评价。

一、现有绒毛用羊产业相关扶持政策

1. 畜牧良种保护与补贴政策

　　为了加快绒毛用羊品种改良，提高绒毛用羊良种化程度，我国于 2009 年、2011 年相继对绵羊、山羊在全国 19 个省（区）实施畜牧良种补贴，对项目区内存栏能繁母羊 30 只以上的养殖户，购买绵羊、山羊种用公羊每只一次性补贴 800 元。2017 年，国家对畜牧良种补贴政策进行了相应的调整，《关于做好 2017 年中央财政农业生产发展等项目实施工作的通知》提出将畜禽良种推广纳入农业生产发展资金项目实施方案，在内蒙古、四川、云南、西藏、甘肃、青海、宁夏、新疆等 8 省（区）实施良种补贴政策，对项目区内存栏能繁母羊 30 只以上的养殖户进行适当补助。同时推行财政支农专项转移支付方式划拨资金，实行"大专项＋任务清单"管理方式，由省市（县）农业、财政部门因地制宜地确定补助对象、标准和方式。根据《关于做好 2021 年农业生产发展等项目实施工作的通知》，2021 年依然按照上述政策划拨资金。

　　从 2021 年产业经济研究团队调研情况来看，部分调研地区在 2017 年及之前享受国家畜牧良种补贴政策，2017 年之后中央财政补助资金按大专项整体切块下达到省，各县（市）通过申报畜牧良种项目方式获批农业生产发展资

45

金，各地区根据农业生产实际情况，在补贴标准、补贴畜种等方面均有所差异。其中，敖汉旗对养殖户购买的优质种用公羊给予 800 元/只补贴，但是并未将敖汉细毛羊纳入良种补贴名录。克什克腾旗将昭乌达肉羊纳入了良种补贴名录，按照双补和单补方式对农牧户购买优质种用公羊分别给予 1 600 元/只和 800 元/只的补贴，两类补贴各占 50%。奇台县通过中央财政农业生产发展资金实施良种羊引进扩增项目，对种用公羊、基础母羊及良种繁育技术均有不同额度的补贴，对从新疆引进优质德美羊种用公羊补贴 2 000 元/只（其中自治州财政补贴 1 500 元，地方财政补贴 500 元），县市认定的优质种用公羊自治州财政补贴 500 元/只，州级以上种畜禽场纯繁新增种用公羊补贴 300 元/只，疆外引进优质能繁母羊补贴 500 元/只，同时对州级以上种羊场实施胚胎移植技术补贴，见羔补助 1 000 元/只。乌鲁木齐县仅对疆外引入优质种用公羊给予 2 000 元/只补贴。

2. 畜牧养殖机械化购置补贴政策

为充分发挥畜牧养殖机械购置补贴的政策效应，加快畜牧业发展方式从粗放型到集约型转变，2021 年国家为推动农业机械化向全程全面高质高效转型升级，全面推进乡村振兴，出台《2021—2023 年农业机械购置补贴实施指导意见》。农业农村部和财政部《关于做好 2021 年农业生产发展等项目实施工作的通知》中指出，2021 年农机购置补贴政策框架和操作方式按照上述规范性文件实施，政策继续覆盖全国所有农牧业县（场），推动农业机械化向全程全面高质高效转型升级，最大限度发挥政策效益。2021 年中央财政安排农机购置补贴资金 190 亿元，较 2020 年增加 20 亿元。

在补贴机具种类范围方面，农机购置补贴机具种类范围为 15 大类 44 个小类 172 个品目，各地区可根据农业生产需要和资金供需实际，从全国补贴范围中选取本省补贴机具品目，优先保障粮食、生猪等重要农畜产品生产、丘陵山区特色农业生产以及支持农业绿色发展和数字化发展所需机具的补贴需要，将更多符合条件的高端、复式、智能产品纳入补贴范围，提高补贴标准、加大补贴力度。按年度将区域内保有量明显过多、技术相对落后的机具品目或档次剔除出补贴范围。目前，我国主要牧区省份已经将与绒毛用羊产业密切相关的农机具列入补贴名录，能够享受购置补贴的绒毛用羊机械分为饲料作物收获机械、饲料（草）加工机械设备、畜牧饲养机械、畜产品采集加工机械设备四类，具体包括：割草机、搂草机、打（压）捆机、圆草捆包膜机、青饲料收获机、铡草机、青贮切碎机、揉丝机、压块机、饲料（草）粉碎机、饲料混合机、颗粒饲料压制机、饲料制备（搅拌）机、喂料机、送料机、清粪机、粪污固液分离机、剪羊毛机。

在补贴标准方面，绒毛用羊养殖机械购置补贴资金实行定额补贴，补贴标准"有升有降"。一是各地区对粮食生产薄弱环节、丘陵山区特色农业生产急需机具以及高端、复式、智能农机产品的推广应用，选择不超过 10 个品目的产品提高补贴额，补贴额测算比例从 30％提高到 35％，其中，通用类机具的补贴额可高于相应档次中央财政资金最高补贴额，增长幅度控制在 20％以内。二是对区域内保有量明显过多、技术相对落后的轮式拖拉机等机具品目逐步降低补贴额，到 2023 年将补贴额测算比例降低至 15％及以下，并将部分低价值的机具退出补贴范围。实行降标的机具品目或档次确定后，各地区要及时向农业农村部、财政部报告，有关情况将纳入农机购置补贴政策落实延伸绩效管理的重要考核指标。三是一般农机每档次产品补贴额原则上按不超过该档产品上年平均销售价格的 30％测算，单机补贴限额不超过 5 万元，100 马力①以上的拖拉机、高性能青饲料收获机、大型免耕播种机、大型联合收割机、畜禽粪污资源化利用机具单机补贴限额不超过 15 万元，200 马力以上拖拉机单机补贴限额不超过 25 万元。

在补贴对象方面，农机购置补贴对象为从事农业生产的个人和农业生产经营组织，其中农业生产经营组织包括农村集体经济组织、农民专业合作经济组织、农业企业和其他从事农业生产经营的组织。

在监督管理方面着力提升监督服务效能，如各级农机主管部门通过应用手机 App、人脸识别、补贴机具二维码管理和物联网监控等技术，推进补贴全流程线上办理，缩短机具核验办理时限，同时借助专业机构技术和大数据信息优势，对套取、骗取补贴资金的产销企业实行罚款处理，提升违规行为排查和监控能力。

从 2021 年产业经济研究团队调研情况来看，调研地区畜牧养殖机械购置补贴政策实施略有不同。其中多数调研县按照国家制定的补贴标准进行补贴，但也有部分调研县借助项目资金对畜牧机械购置进行了额外的补贴。其中奇台县、乌鲁木齐县两县均按照《新疆维吾尔自治区 2021—2023 年农业

---

①　马力为非法定计量单位，1 马力＝746 瓦。——编者注

机械购置补贴实施方案》，由中央财政按照农机具价格的 30％ 进行补贴。敖汉旗、克什克腾旗按照农机具价格的 30％ 进行补贴，针对大型畜牧机械自治区财政再补贴 20％。辽宁省畜牧科学研究院为盖州市提供项目经费，每年为 2~3 个标准化规模养殖场提供秸秆粉碎打包机，以提高其畜牧养殖机械化水平。

3. 标准化规模养殖奖励政策

标准化规模养殖是促进传统畜牧业向现代畜牧业转型的根本途径，为加快转变畜牧业生产方式，不断提升畜禽养殖标准化生产水平，农业部相继出台《关于加快推进畜禽标准化规模养殖的意见》《农业部畜禽标准化示范场管理办法》等一系列规范性文件。中央财政每年安排一定的补助资金，采取"以奖代补"的方式支持养殖场实施标准化改造。为加快推进畜牧业现代化，大力推进质量兴牧、绿色兴牧，全面提升畜牧业质量效益竞争力，2018 年农业农村部制定了《畜禽养殖标准化示范创建活动工作方案（2018—2025）》，提出提高创建标准，严格创建要求，新创建一批现代化的畜禽养殖标准化示范场，2018—2025 年每年创建 100 个左右现代化的畜禽养殖标准化示范场，共创建 1 000个。根据农业农村部办公厅《关于开展 2021 年畜禽养殖标准化示范创建活动的通知》，2020 年在全国建立 150 个生产高效、环境友好、产品安全、管理先进的畜禽养殖标准化示范场。

从 2021 年产业经济研究团队调研情况来看，部分调研地区为提升绒毛用羊标准化生产水平，加大了对绒毛用羊标准化养殖场的政策扶持力度。奇台县从 2020 年起积极引导利用空置牛羊圈舍进行标准化改造再利用，与农户签订3~5 年利用协议，养殖存栏达到 800 只母羊以上，育肥出栏肉羊 2 000 只以上，第二年开始补助 10 万元，连续补助 3 年；对养殖户新建 100 米² 暖圈，养殖母羊 60 只以上的每棚补助 0.8 万元。本溪县从 2012 年开始通过中央财政拨付资金用于绒山羊养殖基地建设和规模化养殖推广，2020 年对两处养殖基地分别补贴 3 万元和 5 万元。宽城县通过整合国家京津冀风沙源治理二期项目资金，对绒山羊养殖棚圈实施补贴，棚圈建设面积大于 60 米² 的农牧户可获得140 元/米² 的补贴。

4. 动物防疫补贴政策

动物疾病防控工作是促进畜牧业健康发展、减少农牧民经济损失的基础性工作。我国由国家畜牧兽医行政管理部门主管全国的动物防疫工作，目前已经逐渐建立健全强制免疫、监测预警、应急处理、区域化管理等制度，不断完善疫情风险评估、疫情预警、疫情认定、无规定动物疫病区建设、官方兽医、执业兽医管理、动物防疫保障机制等方面的内容。农业农村部和财政部《农业农村部和财政部关于做好2021年农业生产发展等项目实施工作的通知》中指出，2021年继续实施动物防疫补贴政策，并按照2017年农业部办公厅、财政部办公厅联合印发的《动物疫病防控财政支持政策实施指导意见》（农办财〔2017〕35号）执行，2021年中央财政将继续实施动物防疫补贴政策主要包括3个方面。一是强制免疫补助，国家对口蹄疫、小反刍兽疫、布鲁氏菌病、棘球蚴病等动物疫病实行强制免疫和购买动物防疫服务补助政策，强制免疫疫苗由省级政府组织招标采购，疫苗经费由中央财政和地方财政共同按比例分担，养殖场（户）无需支付强制免疫疫苗费用，并大力推进"先打后补"政策。为做好2021年重大动物疫病强制免疫工作，2021年农业农村部制定了《2021年国家动物疫病强制免疫计划》，对口蹄疫、小反刍兽疫、布鲁氏菌病、棘球蚴病的群体免疫密度应常年保持在90%以上，其中应免畜禽免疫密度应达到100%，口蹄疫、小反刍兽疫免疫抗体合格率应常年保持在70%以上。二是强制扑杀补助，国家对口蹄疫、小反刍兽疫、布鲁氏菌病、棘球蚴病等发病动物及同群动物实施强制扑杀，对因上述疫病扑杀畜禽给养殖者造成的损失予以补助，补助经费由中央财政和地方财政共同承担，2017年《农业部、财政部关于调整完善动物疫病防控支持政策的通知》提出，适当提高国家强制扑杀补助标准，调整后的羊扑杀标准为500元/只。三是养殖环节无害化处理补助，各地区要根据农业农村部、财政部《关于进一步加强病死畜禽无害化处理工作的通知》（农牧发〔2020〕6号）有关要求做好养殖环节无害化处理工作，并按照"谁处理、补给谁"的原则，对病死畜禽收集、暂存、运输、无害化处理等环节的实施者予以补助，推动建立集中处理为主、自行分散处理为补充的处理体系，逐步提高专业无害化处理覆盖率。

从2021年产业经济研究团队调研情况来看，在重大动物疫病强制免疫补助方面，调研各地区均按照国家动物防疫补贴政策要求对养殖户绒毛用羊养殖过程中重大疾病的疫苗全部免费，费用由国家、自治区、市县共同承担，养殖户仅承担日常消毒、一般药物及疫苗人工的费用。在强制扑杀补助方面，调研地区均对口蹄疫、小反刍兽疫、布鲁氏菌病、棘球蚴病检测阳性绒毛用羊以及发生重大动物疫情的染疫和同群绒毛用羊实施强制扑杀，对于强制扑杀绒毛用羊均按照 500 元/只国家标准进行补偿。敖汉旗、克什克腾旗对布鲁氏菌病、小反刍兽疫、口蹄疫等强制免疫项目的疫苗及注射全部免费，羊痘、三联四防疫苗等虽不属于强制免疫，但是防疫也全部免费。奇台县、乌鲁木齐县对强制免疫项目的疫苗及注射全部免费，而羊痘、三联四防疫苗等非强制免疫疫苗收取 1.5 元/只/次的技术服务费用。盖州市针对羊只免疫过程出现意外死亡的情况，政府规定由疫苗厂家出资，按 800 元/只的标准直接补贴给养殖户。

5. 草原生态保护补助奖励政策

牧区振兴是乡村振兴的重点和难点，草原生态补奖政策是重要抓手。国家从 2011 年开始实施第一轮的草原生态保护补助奖励政策，"十二五"期间累计投入资金 773.6 亿元在 13 个省（区）以及新疆生产建设兵团、黑龙江农垦总局用于实施草原禁牧补助、草畜平衡奖励、牧草良种补贴和牧民生产资料综合补贴，有力地促进了牧区生态恢复、扭转了草原生态恶化势头。2016 年农业部和财政部联合下发了《新一轮草原生态保护补助奖励政策实施指导意见（2016—2020 年）》的通知，"十三五"期间国家将在河北、山西、内蒙古、辽宁、吉林、黑龙江、四川、云南、西藏、甘肃、青海、宁夏、新疆 13 个省（区）以及新疆生产建设兵团和黑龙江省农垦总局，启动实施新一轮草原生态保护补助奖励政策，每年补奖资金达 187.6 亿元。政策实施以来，草原保护制度得到了有效落实，草原科学利用技术得到推广应用，草原畜牧业生产方式加快转变，初步实现了草原生态保护、牧业高质量发展和牧民增收三方共赢。农业农村部和财政部《关于做好 2021 年中央财政农业生产发展等项目实施工作的通知》中提出，2021 年具体要求按照《财政部 农业农村部 国家林草局关于印发〈第三轮草原生态保护补助奖励政策实施指导意见〉的通知》（财农〔2021〕82 号）执行，继续在内蒙古等 13 个牧区省（区）实施第三轮草原生态保护补助奖励政策，每年补助奖励资金从第二轮的 155.6 亿元增加至 168 亿元。

第三轮草原生态保护补助奖励政策延续了上一轮补奖政策的覆盖范围、补贴标准、资金用途和实施方式，大稳定与小调整结合，保证了政策实施的连贯性和农牧户政策预期的稳定性，具体内容如下。一是国家继续在河北、山西、内蒙古、辽宁、吉林、黑龙江、四川、云南、西藏、甘肃、青海、宁夏、新疆 13 个省（区）以及新疆生产建设兵团和北大荒农垦集团有限公司实施第三轮草原生态保护补助奖励政策，引导农牧民合理配置载畜量，科学利用天然草原，促进草原生态环境持续改善，加快草牧业生产方式的转变，促进牛羊生产高质高效发展，稳步提升农牧民收入水平和改善生活条件，助推乡村经济发展。第三轮补奖政策中央财政按照禁牧补助 7.5 元/亩[①]、草畜平衡奖励 2.5 元/亩的标准进行测算，对农牧民发放补助奖励资金，各地区可因地制宜科学地确定补奖标准和发放方式。二是补奖资金采取"大专项＋任务清单"管理方式，并扩大政策实施范围，将已明确承包权但未纳入第二轮补奖范围的草原面积纳入此轮补奖范围。三是实施"一揽子"政策的半农半牧区省份可支持推动生产转型，提高草原畜牧业现代化水平。

从 2021 年产业经济研究团队调研情况来看，调研地区中的内蒙古、新疆均制定并实施了第三轮草原生态保护补助奖励政策实施方案，由于调研地区补贴核算方法存在差异，各调研地区补贴标准存在差异。根据《内蒙古自治区第三轮草原生态保护补助奖励政策实施方案（2021—2025 年）》要求，将政策区域划分为草畜平衡区和禁牧区，补助奖励标准根据各盟市标准亩系数具体测算，其中内蒙古赤峰市按照旗县区标准亩系数分配草原生态补奖资金，敖汉旗标准亩系数为 1.22，禁牧补助标准为 9.15 元/亩，草畜平衡奖励标准为 3.05 元/亩；克什克腾旗标准亩系数为 1.33，禁牧补助标准为 9.975 元/亩，草畜平衡奖励标准为 3.325 元/亩。根据《新疆维吾尔自治区第三轮草原生态保护补助奖励政策实施方案（2021—2025 年）》要求，将政策区域划分为水源涵养区、禁牧区和草畜平衡区，2021—2025 年政策实施面积 66 338.17 万亩，其中禁牧草原 15 787.96 万亩（严重退化区禁牧 15 140.59 万亩，补贴标准 6 元/亩；水源涵养区草原禁牧 647.37 万亩，补贴标准 50 元/亩），实施草畜平衡管理 50 550.21 万亩，补贴标准 2.5 元/亩，年度补助奖励资金 247 725 万元，奇台县和乌鲁木齐县均按照上述标准执行，同时坚持"封顶保底"原则，每户补助奖励资金不超过 9 万元，避免出现因补贴额度过高"垒大户"和因补贴过低影响农牧民生活的现象。

6. 金融保险扶持政策

金融和保险扶持政策是现代畜牧业持续健康发展的重要推手，随着我国社会经济的快速发展，畜牧业面临融资困难、养殖风险持续上升等问题。为了解决上述问题，从 2020 年起相继出台了《关于扩大农业农村有效投资 加快补上

---

① 亩为非法定计量单位，1 亩≈666.67 米^2。——编者注

"三农"领域突出短板的意见》《中共中央 国务院关于全面推进乡村振兴加快农业农村现代化的意见》《关于金融支持新型农业经营主体发展的意见》等规范性文件，指出要深化农村金融改革、设立乡村振兴基金、发展农村数字普惠金融、开展农户小额信贷、质押贷款、农用设施抵押贷款业务、健全农业再保险制度等。一是继续深化农村金融改革，运用支农支小再贷款、再贴现等政策工具加大金融机构扶持力度，推动农村金融机构回归本源。二是在抵押质押物范围、金融产品和服务、信贷风险监测分担补偿机制、多元化融资渠道等方面进行有效探索，破解新型农业经营主体融资困境。三是提升农业保险服务能力，构建完善的农业保险产品体系，满足多层次、多元化风险保障需求。

从2021年产业经济研究团队调研情况来看，个别调研县为促进绒毛用羊产业的发展，加大了金融扶持力度。具体来看，2021年奇台县政府牵线搭桥农商行对养殖户提供贴息贷款，标准为2厘/元。盖州市为标准化规模养殖场（户）提供贴息贷款，户均贷款额度为5万，贷款利率仅为4%。乌鲁木齐县则实施了畜牧业政策性保险，每只能繁母羊保费为120元，地方财政负担95%，种羊场自费5%。奇台县间断性实施过细毛羊政策性保险，但是由于覆盖面有限、虚假投保、理赔额度低于物化成本等问题挫伤农牧户投保积极性，实施一段时间后已取消。

7. 对外贸易扶持政策

（1）关税配额制度

羊毛是我国供需缺口最大的畜产品之一，目前我国已经成为世界上最大的羊毛进口国。出于对国内羊毛产业的保护，从2002年起，我国对进口羊毛一直采用关税配额管理的方式，配额内的进口羊毛关税税率为1%，毛条关税税率为3%，配额外关税税率为38%。根据商务部《2021年羊毛、毛条进口关税配额管理实施细则》，2021年羊毛进口关税配额总量为28.7万吨，毛条进口关税配额总量为8万吨。根据《中新自贸协定》，2021年自新西兰进口羊毛、毛条国别关税配额量分别为36 936吨和665吨，关税税率为0。2015年6月中澳两国政府正式签署中澳自贸协定，2021年为澳大利亚国别配额实施第五年，根据《中澳自贸协定》，澳大利亚进口羊毛国别关税配额量为38 288吨，关税税率为0。2021年羊毛、毛条进口关税配额实行先来先领的分配方式，申请者凭羊毛、毛条进口合同以及有关材料申请羊毛、毛条进口关税配额（含加工贸易）。商务部授权机构为符合条件的申请者发放《农产品进口关税配额证》。当发放数量累计达到2021年羊毛、毛条关税配额总量，商务部授权机构停止接受申请。

（2）出口退税政策

出口退税是指对出口商品在国内生产、流通等环节和出口环节征收的各项税收部分或全部退还给出口商的一种措施。1994年1月1日开始施行的《中华人民共和国增值税暂行条例》规定，纳税人出口货物，增值税税率为0。我国目前实行"先征后退"的方法，即企业自营出口或委托代理出口绒毛产品时，先按照增值税暂行条例规定的征税率征税，然后由主管出口退税业务的税务机关在国家出口退税计划内按规定的退税率审批退税。商品的出口退税率每年都会发生变化，根据中国出口退税咨询网相关数据，目前我国绒毛产品的出口退税率有0、9.0%、13.0%等不同档次。绒毛原料产品出口退税率一般较低，绒毛加工产品出口退税率相对较高。如其他未梳山羊绒、其他已梳无毛山羊绒、其他已梳山羊绒、未梳喀什米尔山羊的细毛和已梳喀什米尔山羊的细毛出口退税率为0，未梳的含脂剪羊毛、未梳的其他含脂羊毛、羊毛落毛、羊毛废料和羊毛回收纤维出口退税率为9.0%，未梳的脱脂剪羊毛（未碳化）、未梳的其他脱脂羊毛（未碳化）、未梳碳化羊毛、粗梳羊毛、精梳羊毛片毛、羊毛条及其他精梳羊毛、山羊绒纱线、山羊绒机织物、山羊绒制披巾、头巾、围巾及类似产品出口退税率最高，均为13.0%。不同的出口退税率能够鼓励高附加值羊毛羊绒制品出口，限制羊毛羊绒资源性出口，缓解了羊毛羊绒资源性出口与企业制成品出口之间的矛盾，使精深加工企业在原料方面取得优势，有利于提高羊毛羊绒精深加工企业在国际纺织市场上的竞争力。

二、我国绒毛用羊产业现有相关扶持政策的评价

1. 财政支持力度不断增加，多数养殖户获得政府扶持资金

为支持农业发展，近年来国家支农惠农政策的支持力度不断加大，绒毛用羊产业作为畜牧业重要组成部分，国家对绒毛用羊产业财政投入的力度也逐年增加。首先，从扶持政策覆盖面看，畜牧养殖机械购置补贴政策、动物防疫补贴政策已经做到全覆盖，草原生态保护补助奖励政策和标准化规模养殖奖励政策实施范围不断扩大，国家和地方都在积极探索金融扶持和政策性保险试点；

从补贴资金总额看，各项补贴政策的财政投入资金总额逐年加大，部分扶持政策的补贴标准也得到提高；从补贴政策效果看，各项政策实施时越来越注重激励和约束机制，以绩效评价提高资金使用效率，确保政策落到实处。

2021年产业经济研究团队绒毛用羊养殖户调研数据显示，43.55％的养殖户获得了政府给予的相关补贴、补助、奖励等扶持资金。其中细羊毛养殖户获得过政府扶持资金比例相对较高，53.12％的养殖户获得过政府扶持资金；绒山羊养殖户获得过政府扶持资金比例相对较低，33.33％的绒山羊养殖户获得过政府扶持资金（表1-5-1）。

表1-5-1 绒毛用羊养殖户获得补助、补贴、奖励等扶持资金情况

单位：％

是否获得过扶持资金	全部养殖户	细毛羊养殖户	绒山羊养殖户
是	43.55	53.12	33.33
否	56.45	46.87	66.66

数据来源：2021年度产业经济研究团队农牧户调查问卷。

2. 获得扶持资金养殖户对相关政策的满意度总体较高

从获得相关扶持资金的养殖户对各项扶持政策满意度评价的情况看，细毛羊、绒山羊养殖户对所获得的各项扶持政策总体评价均较高。具体来看，除棚圈建设补贴之外，细毛羊养殖户中对获得各项扶持政策满意的养殖户的比例均在80％以上；除养殖保险保费补贴之外，多数绒山羊养殖户对所获得其他各项扶持政策的满意度在80％以上。从养殖户对所获得的扶持政策不满意情况看，细毛羊养殖户对种用公羊补贴、棚圈建设补贴和贴息贷款3项政策的满意度较低，绒山羊养殖户对退耕还草补贴、养殖保险保费补贴2项政策的满意度偏低（表1-5-2）。

表1-5-2 获得扶持资金的绒毛用羊养殖户对各项扶持政策的评价

单位：％

补贴政策	细毛羊养殖户			绒山羊养殖户			整体满意度		
	满意	一般	不满意	满意	一般	不满意	满意	一般	不满意
种用公羊补贴	80.95	0.00	19.05	100.00	0.00	0.00	82.61	0.00	17.39
人工授精补贴	90.91	0.00	9.09	100.00	0.00	0.00	91.67	0.00	8.33

（续）

补贴政策	细毛羊养殖户			绒山羊养殖户			整体满意度		
	满意	一般	不满意	满意	一般	不满意	满意	一般	不满意
能繁母羊补贴	80.00	10.00	10.00	—	—	—	80.00	10.00	10.00
禁牧补助	100.000	0.00	0.00	—	—	—	100.00	0.00	0.00
草畜平衡奖励	100.00	0.00	0.00	—	—	—	100.00	0.00	0.00
退牧还草补贴	100.00	0.00	0.00	—	—	—	100.00	0.00	0.00
退耕还草补贴	80.00	20.00	0.00	0.00	0.00	100.00	66.67	16.67	16.67
畜牧养殖机械购置补贴	95.00	0.00	5.00	100.00	0.00	0.00	95.45	0.00	4.55
标准化规模养殖奖励	100.00	0.00	0.00	100.00	0.00	0.00	100.00	0.00	0.00
粪污处理与利用补贴	100.00	0.00	0.00	—	—	—	100.00	0.00	0.00
棚圈建设补贴	77.78	11.11	11.11	0.00	100.00	0.00	70.00	20.00	10.00
养殖保险保费补贴	94.12	0.00	5.88	57.14	14.29	28.57	83.33	4.17	12.50
贴息贷款	83.33	11.11	5.56	83.33	16.67	0.00	83.33	12.50	4.17

数据来源：2021年度产业经济研究团队农牧户调查问卷。

注：表中"—"表示调研地区养殖户未获得该项补贴政策，因此没有相关评价。

从养殖户对各项扶持政策不满意的原因看，补贴金额少、覆盖范围小是养殖户对扶持政策不满意的主要原因。特别是种用公羊补贴、棚圈建设补贴和养殖保险保费补贴3项政策，以种用公羊补贴为例，以德国美利奴羊、昭乌达肉羊等优良细毛羊品种的市场销售价格约2 400～4 300元/只，目前800～2 000元/只的补贴标准显著偏低，难以有效带动农牧户购买积极性，可能导致优良地方品种的退化和生产性能下降。

3. 良种补贴政策覆盖范围小、补贴标准偏低、政策稳定性较差

畜牧良种是现代畜牧业生产的基础，为了提高绒毛用羊良种化程度，国家于2009年将绵羊纳入畜牧良种补贴范围，2011年将山羊纳入补贴范围，但2017年国家对畜牧良种补贴政策做出调整，针对绒毛用羊良种补贴，仅在内蒙古、四川、云南、西藏、甘肃、青海、宁夏、新疆等8省（区）实施补贴政策，对项目区内存栏能繁母羊30只以上的养殖户进行适当补助。从补贴范围上看，此次调整后补贴范围明显缩小，由以往的19个省（区）缩减至牧区8省（区）；从补贴对象看，项目县内存栏能繁母羊30只以上的养殖户才能获得补贴，该政策对养殖大户、规模养殖场的正面引导效应高于散户。同时推行财政支农专项转移支付方式划拨资金，实行"大专项＋任务清单"管理方式，由省市（县）农业、财政部门因地制宜确定补助对象、标准和方式。国家种用公羊良种补贴政策的调整在政策覆盖范围上显著缩小，且多年来补贴标准未根据市场价格上调，导致养殖户种用公羊购买成本上升，降低了养殖户良种购买积极性，可能导致优良地方品种的退化和生产性能下降。

从2021年产业经济研究团队的调研资料显示，除内蒙古、新疆部分调研县通过地方财政拨款扶持绒毛用羊品种改良，辽宁、河北4个调研县的绒山羊等畜种并非畜牧良种补贴的对象。多数调研地区良种补贴标准偏低，政策的稳定性较差，不同年度均存在一定差异。敖汉种羊场每年出台年度育种管理办法，确定当年的种畜补贴标准，不同牧业年份对育种分场、保种分场及育种群不同类型种畜的补贴标准均有较大幅度调整，农牧户政策预期较低。克什克腾旗将昭乌达肉羊纳入了良种补贴名录，按照双补和单补方式对农牧户购买优质种用公羊分别给予1 600元/只和800元/只的补贴，两类补贴各占50％，农牧户仍然需要自付资金比例分别是33.33％和66.67％，补贴标准偏低。奇台县对从新疆引进优质德美羊种用公羊补贴2 000元/只（其中自治州财政补贴1 500元，地方财政补贴500元），以2021年种用公羊市场价格4 300元为基准，农牧户自付2 300元，自付资金比例高达53.49％。

4. 畜牧养殖机械购置补贴政策对绒毛用羊养殖机械化水平提高作用不显著

为调动和保护农民购买使用农机的积极性，促进农机装备结构优化，提升农机化作业能力和水平，2004年国家出台了畜牧养殖机械购置补贴政策。从2020年产业经济研究团队调研情况来看，调研地区的绒毛用羊机械化水平发展不均衡，农区高于牧区，种羊场、规模化养殖场（区）明显高于散户。各调研县养殖户普遍拥有铡草机、饲料粉碎机、小型拖拉机等牧业机械，少数资金实力较强的养殖大户和标准化规模养殖场购置了青贮打包机、TRM饲料搅拌机、捆草机等大型机械设备。养殖户对大型牧业机械的使用以租赁为主，普及率不高，因此部分地区开始出现大农机合作社等新型社会化服务组织和农机维修网点配套建设。此外，部分调研地区养殖户仍以手工剪毛（绒）为主，机械剪毛（绒）率普遍偏低，只有种羊场、国有牧场、规模养殖场及少数乡镇拥有剪毛机、打包机等机械设备。因此，目前畜牧养殖机械购置补贴政策的实施尚未大幅度提升我国绒毛用羊养殖机械化水平。除牧区特殊的自然地理环境制约了畜牧机械的推广外，主要原因包括以下几方面：一是补贴资金额度还不能满足广大农牧民的实际需求，一方面由于经营成本增加，加之农机具向大型化、联合化方向发展，单机购买资金额度大，许多农牧民购买农机具能力明显不足，资金缺口较大，部分地区虽在国家标准补贴之外，地方财政对购买畜牧机械进行补贴，但多是针对购买的大型机械进行补贴，致使很多农牧民享受不到地方财政补贴；二是部分农机企业售后服务、维修不到位，影响了农机作业效率和质量，同时也降低了养殖户的购买积极性。

5. 草原生态保护政策实施导致养殖户面临的资源环境压力持续上升

近年来，受畜牧业超载过牧、粗放经营、无序垦荒以及自然灾害频发等因素的影响，我国西北牧区草场退化、沙化、盐渍化问题较为严重，并严重威胁国家生态安全、牧区畜牧业可持续发展和牧民脱贫增收。因此，国家相继出台《关于加强资源环境生态红线管控的指导意见》《林业草原生态扶贫三年行动实施方案》和《财政部 农业农村部 国家林草局关于印发〈第三轮草原生态保护补助奖励政策实施指导意见〉的通知》等规范性文件，构建林草一体化，推行基本草原保护制度、禁牧休牧、划区轮牧和草畜平衡保护措施，加快推进草原生态修复和草原资源的科学利用水平，目前除部分草原牧区实行季节性禁牧之外，其他地区基本执行全年禁牧政策。内蒙古、新疆等草原牧区亦出台相应的实施方案，根据草原类型和等级科学核算草原载畜量，完善草原承包和流转制度，推广舍饲养殖技术和人工饲草料基地建设，保障草原退牧农牧户顺利实现养殖方式转型。随着上述政策的持续推进，绒毛用羊养殖面临的约束和管控日益增强，农牧户放牧用地和养殖规模普遍受到限制。

一方面，禁牧、减畜等草原生态保护政策的严格实施，导致养殖户养殖规模受限。通过调研发现，随着养殖行情向好，部分养殖户有扩大养殖规模的意愿，但受到草原生态保护补助奖励政策限制，养殖户养殖规模难以扩大。部分养殖户为扩大养殖规模，养殖方式从放牧为主转向舍饲、半舍饲，但养殖方式转变导致养殖成本大大增加。传统放牧时养羊所需饲料大部分依赖于羊的自由采食，禁牧政策实施后，原来养羊可以免费使用的公用草原变为有偿使用的饲草料，养殖户面临饲草料成本增加的压力。以细毛羊为例，"放牧＋舍饲"模式下150天舍饲期饲草料成本约为450元/只，同时雇工、消毒、防疫、圈舍修建等都会增加养殖成本，国家及地方层面的草原生态补奖、机械补贴、棚圈补贴等政策的覆盖范围较小、补贴标准偏低、补贴名额较少，对缓解养殖成本上涨的作用有限。特别是新冠肺炎疫情爆发以来，受交通管制、人员流通受限等因素影响，饲草料购置成本、雇工成本短期内显著上升，绒毛及活畜销售渠道不畅，导致农牧户的养殖成本进一步增加。

另一方面，多数地区草原生态保护政策补偿标准单一，主要按面积发放补贴，未体现出差异化，不能反映禁牧或减牧后牧民收入减少的问题，奖惩补助的激励作用体现不够。根据调查，仅部分地区根据禁牧区草原面积、测定草原承载能力并折算成标准亩系数进行补贴，但其他地区按照国家标准给予养殖户禁牧补助和草畜平衡奖励，未考虑地区草场质量、载畜量、气候环境等因素差异，不能体现补助差异化。除此之外，不同年份之间降雨量、气温、湿度等气候因素以及养殖成本、养殖户绒毛用羊产品销售价格存在差异导致不同年份之间养殖成本和收入存在差异，因此不同年份之间的补贴应存在一定差异，但当前补贴没有考虑不同年份之间的动态差异性，这些因素降低了农牧民落实奖补政策的积极性，仍然存在超载过牧现象。

6. 养殖户对绒毛用羊养殖的相关扶持政策认知度相对较低，不同扶持政策认知度存在一定差异

国家惠农政策的实施是我国经济发展的结果，各项补贴政策和奖励扶持政策的实施是为了提高农牧民的生产积极性，旨在促进绒毛用羊产业的发展。2021年产业经济研究团队在内蒙古、新疆、辽宁和河北的农牧户调研数据显示，农牧民对目前实施的各项关于绒毛用羊养殖的政府补助、补贴、奖励等扶持政策的认知度水平不高且存在一定差异。首先，从总体来看，细毛羊养殖户对绒毛用羊扶持政策的认知度相对较高，而绒山羊养殖户对各项扶持政策的认知程度普遍较低。其次，从养殖户对不同扶持政策的认知来看，细毛羊和绒山羊养殖户对不同扶持政策的认知程度存在一定差异。其中，细毛羊养殖户对种用公羊补贴、贴息贷款、畜牧养殖机械购置补贴的认知程度较高，了解这几项扶持政策的细毛羊养殖户比例均超过了68%，而对粪污治理与利用补贴、禁牧补助、草畜平衡奖励和退牧还草补贴的认知程度较低，不了解这3项扶持政策的细毛羊养殖户比例均超过了78%；绒山羊养殖户对贴息贷款和养殖保险保费补贴的认知程度相对较高，了解上述扶持政策的绒山羊养殖户比例均超过了30%，而对其他各项扶持政策的认知程度均较低（表1-5-3）。

表1-5-3　农牧民对绒毛用羊产业扶持政策的认知程度

单位:%

扶持政策	细毛羊养殖户		绒山羊养殖户	
	知道	不知道	知道	不知道
种用公羊补贴	87.50	12.50	20.00	80.00
人工授精补贴	40.63	59.38	10.00	90.00
能繁母羊补贴	46.88	53.12	13.33	86.67
禁牧补助	21.88	78.12	13.33	86.67
草畜平衡奖励	21.88	78.12	0.00	100.00
退牧还草补贴	21.88	78.12	3.33	96.67
退耕还草补贴	34.38	65.62	3.33	96.67
畜牧养殖机械购置补贴	68.75	31.25	23.33	76.67
标准化规模养殖奖励	31.25	68.75	6.67	93.33
粪污治理与利用补贴	12.50	87.50	10.00	90.00
棚圈建设补贴	40.62	59.38	23.33	76.67
养殖保险保费补贴	56.25	43.75	31.58	68.42
贴息贷款	81.25	18.75	54.55	45.45

数据来源：2021年度产业经济研究团队农牧户调查问卷。

　　通过访谈了解到，养殖户对绒毛用羊部分扶持政策认知程度相对较低的主要原因：一是绒毛用羊产业扶持政策大多覆盖范围较小，部分被调研地区不在政策覆盖范围之内，养殖户对政策认知程度较低，如草畜平衡奖励、退牧还草补贴、退耕还草补贴、人工授精补贴、粪污治理与利用补贴等政策在绒山羊调研县大多未实施，导致较多养殖户不知道这些扶持政策；二是补贴数量有限，部分地区虽实施了某些政策，但由于补贴数量有限，导致多数养殖户对政策的了解程度较低，如标准化规模养殖奖励政策，在多数调研县每年仅有1~2个名额，因此多数养殖户不知道该政策；三是当地政府对相关扶持政策宣传力度不够，由于大部分政策覆盖面窄，部分地区的大部分养殖户没有获得补贴的资格，导致当地政府对政策宣传工作执行不积极，养殖户难以获知相关信息；四是部分养殖户地处偏远，调研地区部分养殖户为少数民族养殖户，语言沟通交流等也存在一定困难，且绒毛用羊养殖户普遍年龄偏高，文化水平偏低，对相关政策不理解，即使获得相关扶持资金，也不清楚自己获得了何种扶持，从而导致政策认知度较低。

7. 养殖户对贴息贷款、能繁母羊补贴、种用公羊补贴及棚圈建设补贴等扶持政策需求迫切，且由于疫情对贴息贷款补贴的需求明显上升

由于我国绒毛用羊各项扶持政策实施存在地区差异性，部分养殖户不能获得相关的扶持政策，多数养殖户也仅仅获得了个别扶持政策。为全面了解养殖户对绒毛用羊各项扶持政策的需求程度，在调研中通过询问养殖户最需要的三项扶持政策，以此来反映养殖户对不同扶持政策的需求。调研结果显示：农牧户需求程度排名前3位的政策依次是贴息贷款、能繁母羊补贴和种用公羊补贴。首先，养殖户对贴息贷款等金融扶持政策的需求程度最高，19.75％的细毛羊养殖户和18.97％的绒山羊养殖户表示最希望获得贴息贷款等金融扶持政策，特别是2020年新冠肺炎疫情爆发至今，本土疫情呈零星散发和局部聚集交织叠加的态势，致使饲草料购置成本、雇工成本、防疫成本、运输成本等均显著增加，羊毛及活畜销售渠道不畅，扩大再生产流动资金短缺问题更加凸显，农牧户迫切需要更加稳健的金融信贷产品规避养殖风险；其次，能繁母羊是羊群中占比最高且数量最稳定的品种，其生产性能的高低直接影响畜群良种化程度，根据能繁母羊品种、生产性能等对农牧户进行适度补贴，政策激励效果更为明显，因此该项政策的选择比例较高；最后，养殖户对种用公羊补贴政策的需求程度相对较高，选择该项扶持政策养殖户的比例分别为19.75％、12.07％，虽然国家连续多年实施了种用公羊补贴政策，但由于补贴数量有限，获得种用公羊补贴的养殖户数量不多，养殖户迫切需要通过品种改良提升种群生产性能，以便带来更高的经济收益。此外，由于调研地区部分养殖户的绒毛用羊养殖圈舍仍然较为简陋，而棚圈建设资金较大，细毛羊和绒山羊养殖户希望获得棚圈建设补贴以此来改善绒毛用羊养殖条件，选择该项扶持政策的细毛羊和绒山羊养殖户的比例分别为12.35％和20.69％。同时，农牧户对畜牧养殖机械购置补贴、养殖保险保费补贴、人工授精补贴、标准化规模养殖奖励和粪污处理与利用补贴政策也有一定的需求，如由于农牧户非牧就业渠道狭窄、转产或兼业就业难等问题依然突出，牧民仍然面临着很大的生产和生计风险，对农业政策性保险产品的需求意愿更加强烈（表1-5-4）。

表 1-5-4　农牧民对绒毛用羊产业扶持政策最需要的三项补助

单位:%

扶持政策	细毛羊养殖户	绒山羊养殖户
种用公羊补贴	19.75	12.07
人工授精补贴	2.47	1.72
能繁母羊补贴	17.28	15.52
禁牧补助	0.00	0.00
草畜平衡奖励	0.00	0.00
退牧还草补贴	0.00	0.00
退耕还草补贴	0.00	0.00
畜牧养殖机械购置补贴	13.58	15.52
标准化规模养殖奖励	1.23	5.17
粪污处理与利用补贴	0.00	3.45
棚圈舍建设补贴	12.35	20.69
养殖保险保费补贴	13.58	6.90
贴息贷款	19.75	18.97

数据来源:2021 年度产业经济研究团队农牧户调查问卷。

第六部分

2022 年我国绒毛用羊产业发展趋势

本部分根据 2021 年度细毛羊、绒山羊养殖情况及羊毛、羊绒制品消费情况的调查结果，并综合考虑市场及政府政策等因素，从绒毛产量、价格、标准化规模养殖水平、产业组织化程度、社会化服务水平、品种保护与改良、饲草料供应、金融保险扶持等方面分析 2022 年我国绒毛用羊产业发展趋势。

一、细羊毛产量将呈下降趋势，羊绒产量将保持稳定

2021 年，由于各国防控新冠疫情而采取的隔离检疫、边境封锁、社交隔离等措施，致使物流运输成本增加、材料和劳动力短缺以及生产消费下行等问题凸显，2022 年我国羊毛制品市场依然存在较大的不确定性，流通渠道受阻、生产企业订单不稳和去库存压力等问题依然严峻。细羊毛价格尽管有所恢复但依然在较低的价格水平徘徊，而同期活羊销售价格受进口陡降、国内消费需求持续增加的影响，市场价格持续高位运行，农牧户养殖细毛羊的积极性显著下降，养殖肉毛兼用型杂交改良品种或转产肉羊或肉牛品种的意愿增强，导致细毛羊整体养殖形势不容乐观。同时，2021 年开始实施的第三轮草原生态保护补助政策，导致养殖户面临的资源环境压力持续上升，进一步限制了细毛羊养殖规模的扩大。预计 2022 年细毛羊存栏量将整体呈下降趋势，细羊毛产量将随之下降。

2021 年，由于受到羊肉销售价格和羊绒价格上涨的双重带动作用，绒山羊养殖规模较 2020 年有微幅增加，但是受相对效益下降、养殖主体转产等因素影响，羊绒生产亦存在萎缩风险。2021 年 11 月以来，新冠疫情又在国内外呈现多点频发的态势，美国等主要羊绒制品消费国新冠疫情形势严峻，给国内外经济增长和刚刚回暖的羊绒市场带来较高的不确定性。同时，活羊价格持续

高位运行，相对经济效益较高导致养殖户追逐绒山羊的肉用性能，对提升羊绒细度、净绒率等质量指标的技术关注度较低，加上羊绒价格波动性大导致绒山羊养殖收益缺乏稳定性，农牧户转产肉羊养殖、特色农产品种植及其他产业意愿显著增加，从事绒山羊养殖的劳动力短缺，导致绒山羊养殖规模扩张乏力。预计2022年绒山羊存栏量和羊绒产量均保持相对稳定状态。

二、绒毛价格将呈小幅上升趋势

根据国内外经济运行形势和绒毛供需状况，预计2022年绒毛价格将呈小幅上升趋势。

细羊毛的价格将小幅上升。从需求方面来看，随着新冠肺炎疫情逐步缓解，全球经济恢复增长，终端消费市场回暖趋势明显，下游毛纺企业区域化整合能力和中间产品品牌化进一步增强，预计将导致羊毛价格小幅上升。首先，随着全球经济恢复增长，国外羊毛消费需求回暖。从全球来看，根据世界银行1月11日发布最新一期《全球经济展望》报告显示，预计2022年全球经济增长率为4.1%，其中发达经济体增长3.8%，新兴市场和发展中经济体增长4.6%，中国经济增长5.1%。在世界经济恢复增长的背景下，国际毛纺消费市场从2021年第二季度起开始稳步恢复，引致生产厂商对毛条纱线等原材料需求回升，从而推动羊毛价格的上涨。据中国海关总署最新数据显示，2021年我国羊毛条出口量和出口额分别为4.15万吨和3.72亿美元，较2020年分别增加了10.46%和13.47%；净出口量为4.02万吨，较2020年增加了14.72%；贸易顺差为3.61亿美元，与2020年相比增加了17.14%。从国内来看，2020年下半年新冠肺炎疫情得到控制之后，国内经济恢复成效明显，国内服装消费市场呈进一步巩固复苏态势，对上游羊毛原材料的需求回升带动价格上涨。根据中国国家统计局数据，2021年1—11月实体商店服装鞋帽类商品零售总额同比增长14.9%，穿着类商品网上零售额同比增长11.1%，实体与网络服装零售持续较快增长，国内消费市场虽然受疫情多点散发等因素影响，但整体复苏态势并未变化。其次，后疫情时代毛纺加工企业和消费者均呈现出新特征，消费者的长期性计划和可持续性思维更加显著，更倾向于购买羊毛制品等具有高品质、绿色发展理念的可持续产品。在内销市场持续恢复、国际市场需求回暖、海外订单回流等多因素拉动下，毛纺加工产业链区域化整合进一步增强，并致力于高品质中间产品的品牌化，而 RCEP、中欧投资协定等的签订，也为毛纺加工企业巩固传统市场和开拓新兴市场提供更多助力。从供给方面来看，原毛供应量的恢复速度低于需求量的增加，使得原毛供应量相对紧缺，预计 2022 年细羊毛价格将呈小幅上升趋势。一方面，原毛产量呈现缓慢增加，2021 年澳大利亚全年气候良好，雨水充足，羊只存栏量和羊毛单产均有所增加。澳大利亚羊毛产量预测委员会对 2021/2022 年度羊毛产量的最新预测为 31.8 万吨（含脂毛），较 2020/2021 年度的 29.4 万吨增长了 7.07%，2022 年度剪毛羊只约为 7 000 万只，较 2021 年增加了 4.60%，羊毛单产约为 4.54 千克，较 2021 年增长了 3.20%，但是澳毛质量有所下降，羊毛细度略有偏粗，草杂含量偏高，18.0 微米以细的羊毛供应量已经降至近 3 年的最低水平。另一方面，原毛供应的稳定性存在一定挑战，受较高的海运费率、海运延误、牧民羊毛库存积压、劳动力不足、剪切成本上升等诸多问题的影响，原毛产品交易双方规避风险持观望态度，导致澳大利亚羊毛市场仍处于震荡时期，抑制了羊毛市场的稳定性。同期新西兰绵羊存栏量较 2020 年下跌 0.8%，羊毛产量预计 128 895 吨，平均套毛重量下跌至 4 千克，剪毛成本上涨 25%，同时叠加疫情爆发再次封锁、牧民改变土地使用等，羊毛拍卖价格波动显著，羊毛供应缺乏稳定性。因此，预计 2022 年细羊毛价格总体上将呈小幅上涨趋势。

羊绒的价格将小幅上升，羊绒销售价格上升的主要原因在于以下三点。一是新冠肺炎疫情形势逐渐好转，全球经济恢复增长，国外羊绒消费需求回暖。国际货币基金组织（IMF）《世界经济展望更新》数据显示，预计 2022 年全球经济将增长 4.40%，发达经济体将增长 3.90%，新兴市场和发展中经济体经济 2022 年预计将增长 4.8%，主要经济体中，美国、欧盟区和中国将分别增长 4%、3.9%和 4.8%。国际金融论坛（IFF）《IFF2021 全球金融与发展报告》显示，预计 2022 年全球经济增长 4.7%，其中发达国家增长 4.2%，发展中国家增长 5%，中国增长 5.6%。在世界经济恢复增长的背景下，国外市场对羊绒原料与制品的消费需求也逐步回升，从而推动了今年羊绒价格的上涨。二是国内居民可支配收入增长，羊绒制品消费需求回升，对上游羊绒原料的需求增长会带动羊绒价格的上涨。根据国家统计局数据，2021 年全年国内生产总值 1 143 670 亿元，按不变价格计算，较 2020 年增长 8.1%，两年平均增长 5.1%。随着宏观经济增速的回升，全国居民人均可支配收入增幅也在提升。

2021年全国居民人均可支配收入35 128元，实际增长8.1%，全国居民人均消费支出24 100元，比上年名义增长13.6%，扣除价格因素影响，实际增长12.6%，同比2020年均有大幅提升。三是进入2022年后，虽然美国通胀率持续攀升加大了美联储收紧货币政策的压力，但是加息幅度仍存在不确定性，大量资金仍然从美国经济中溢出并造成各国大宗商品价格上涨，导致中国国内原材料市场价格出现较大幅度的上涨，对国内羊绒价格上涨也有推动作用。因此，预计2022年羊绒价格将呈小幅上升趋势。

三、绒毛用羊标准化规模养殖水平将进一步提升

近年来受国家和地方的政策推动，绒山羊标准化规模养殖不断发展。一方面，国家从2008年开始加强畜禽标准化规模养殖场建设，从2010年开始每年发布《畜禽养殖标准化示范创建活动工作方案》，采取"以奖代补"方式支持畜牧业标准化规模养殖建设，2022年中央1号文件明确提出构建现代养殖体系，提升农产品供给保障能力。未来，绒毛用羊主产区在绒毛用羊生产管理、销售流通、金融保险等环节提供的资金扶持力度和资金引导作用将进一步加强，撬动规模化经营主体增加生产性投入，其标准化规模化养殖水平也会随之提高。另一方面，在生产标准、饲料标准、疾病防疫标准和产品质量标准等方面，通过制度约束和法律保障提升标准化规模养殖的规范化程度，以确保绒毛用羊供给质量和产品质量。上述措施有利于绒毛用羊产业从传统放牧饲养模式向标准化规模养殖模式转变，从粗放经营向集约化经营转变。预计2022年绒毛用羊产业的标准规模化养殖水平将进一步提升。

四、绒毛用羊产业的组织化程度将有所提高

农牧民专业合作社建设，是解决当前我国绒山羊养殖方式落后和组织化、规模化程度低的有效举措。目前绒毛用羊养殖专业合作社数量相对较少且多数运作不规范，产业组织化程度相对较低，但是部分地区形成了较为成熟的产业组织模式，如"公司＋基地＋养殖户"模式、"草畜联营"合作社运营模式和"种羊场＋基地＋农牧户"模式等，不同养殖主体之间建立了紧密的利益联结机制，为提高绒毛用羊组织化程度的提高带来了发展契机。此外，2022年中

央 1 号文件明确提出抓好家庭农场和农民合作社 2 类经营主体，发展多种形式适度规模经营，将现今适用的品种、技术、装备等导入小农户，并建设区域性农业全产业链综合服务中心。

上述政策有助于不同类型养殖主体以合作社为纽带建立产业联合组织，提升协作深度和广度。部分绒毛用羊主产区养殖的产业组织模式发展较为成熟，养殖主体构成逐渐从一元单体结构向二元及多元主体结构过渡，养殖、生产、加工、销售等环节的横向或纵向协作领域进一步拓展，不同养殖主体以合同契约的形式建立了紧密的利益联结机制，并与农牧户在服务项目与合作内容上权责分明，组织化程度更高。此外，部分合作组织还实施了较为灵活的奖励制度，激发了农牧户的生产积极性。预计，2022 年绒毛用羊产业的组织化程度将有所提高。

五、绒毛用羊产业社会化服务水平将稳步提升

绒毛用羊产业持续健康发展的关键在于从业人员的素质，但是传统牧民受教育程度偏低，市场意识淡薄，缺乏主动学习和采纳实用养殖技术的积极性，而作为技术推广主力的基层畜牧工作人员，亦存在知识陈旧、老龄化、人员流动性大等问题。创新绒毛产业基层技术服务组织运行模式，逐步完善基层畜牧技术服务和推广体系，可以有效提升绒毛用羊产业社会化服务水平。

根据《农业部、国家发展改革委、财政部关于加快发展农业生产性服务业的指导意见》和《推进兽医社会化服务发展的意见》等规范性文件，部分绒毛用羊主产区已经开始在畜牧兽医领域创新社会化服务组织运行模式，成立新型畜牧技术服务组织。以新疆奇台县为例，该县在地方工商部门合法登记成立奇台县畜牧防疫公司。一方面，以"政府购买＋有偿服务"为主导，按照"市场运作、政府买单、按绩取酬"的模式运行。防疫公司以购买服务方式承担辖区内的重大动物疾病强制性免疫和各类实用养殖技术推广等公益性职能，地方政府根据免疫质量监测指标衡量免疫成效，并据此评价服务组织水平，兑付防疫报酬。另一方面，将村级防疫员等基层畜牧从业人员纳入到防疫公司，参与防疫、冷配、饲草料交易和养殖保险等环节，其收入不仅包括购买服务补助经费，还包括技术服务费以及经营性收入等。该方式有助于提高基层畜牧技术人员工资报酬，在降低基层技术队伍流动性的同时提高技术服务效率。2021 年

中央1号文件提出将发展壮大农业专业化社会化服务组织，上述社会化服务运作模式也将逐步在良种繁育、饲料营养、疫病监测诊断治疗、机械化生产、产品储运、废弃物资源化利用等方面推广应用，培育畜牧科技服务企业，以社会化服务推动细毛羊专业化生产。预计2022年绒毛用羊产业的社会化服务水平将稳步提升。

六、绒毛用羊产业将更加注重饲草料供应体系建设

绒毛用羊产业的养殖方式逐步由放养过渡到半舍饲、全舍饲，经营方式逐步由散户过渡到标准化、规模化的家庭牧场，饲草料供应紧缺造成的养殖成本持续上涨成为制约绒毛用羊产业健康发展的主要瓶颈之一。2021年中央1号文件明确提出发展青贮玉米等优质饲草饲料，积极发展牛羊产业。调研资料显示，目前绒毛用羊主产区主要从以下几方面解决饲草料供需矛盾：一是通过禁牧、休牧、划区轮牧和草畜平衡等草原生态保护措施，加强可利用草场资源的管护，提高草原生产力和载畜量，通过草场确权和经营权流转，优化天然草场和打草场资源配置，提高四季牧场利用率；二是依托粮改饲试点、草牧业发展试验试点、高产优质苜蓿示范建设、秸秆养畜等优化主产区"粮、经、饲"三元结构，积极开展人工饲草种植，优化牧草种植结构，增强饲草料生产供应保障能力；三是完善饲草料加工利用设施，推行青贮制作、饲草料加工调制、草料配合饲喂等技术，提高秸秆转化利用率，建设饲料储备加工点，引入草产品加工企业，侧重预混饲料、青贮饲料、人工牧草和天然饲草的加工，推进饲草料专业化生产，并提高饲草料利用率；四是促进饲草料商品化交易流通，在有条件的地方建立饲草料交易市场，加强饲草料加工、流通、配送体系建设。上述措施能在一定程度上降低农牧民的养殖成本，提高经济效益。预计2022年绒毛用羊主产区将更加注重饲草料供应体系建设。

七、绒毛用羊产业的金融保险扶持力度将加大

扩大再生产流动资金短缺问题仍然是制约细毛羊产业可持续发展的主要瓶颈之一，特别是2020年新冠肺炎疫情爆发以来，饲草料购置成本、雇工成本、防疫成本、运输成本等均显著增加，羊毛及活畜销售渠道不畅，导致农牧户面

临更大的养殖风险。2021年在中央1号文件及《关于金融支持新型农业经营主体发展的意见》等规范性文件提出发展农村数字普惠金融、开展农户小额信贷、质押贷款、农用设施抵押贷款业务、健全农业再保险制度等。为贯彻落实上述文件，中国银行保险监督管理委员会及各下属金融机构必将出台相关政策加大对畜牧养殖业的金融保险扶持力度。首先，健全农村金融服务组织体系，主要由中国农业银行、中国邮政储蓄银行等大中型银行金融机构、民营银行（含互联网银行）及农村中小金融机构等，在风险防范基础上提供针对畜牧业的小额、快速、便捷的金融产品和服务，特别是对新型农业经营主体侧重在农民信用社内部信用合作、小额信用贷款、普惠小微信用贷款方面给予支持，同时积极调动绒毛用羊主产区地方财政加大贷款贴息力度，撬动更多金融资本进入畜牧业发展领域。其次，金融机构抵押质押物范围扩大，拓宽农机具和大棚设施、活体畜禽、养殖圈舍以及农业商标、保单等依法合规抵押质押融资，探索集体经营性建设用地使用权、农村集体经营性资产股份、农垦国有农用地使用权、农民住房财产权等抵押贷款业务和合作社等担保增信、"托管贷"业务。畜牧主管部门牵头设立融资担保公司开展畜牧业贷款担保业务，如尝试由政府、银行、企业共同出资设立融资风险基金，当发生偿贷风险时由基金代偿，多方参与机制能更有效防范"逆向选择"和"道德风险"。再次，创新畜牧业金融产品和服务，提供随贷随用、随借随还产品、线上信贷产品及"首贷"、无还本续贷等业务，加大中长期贷款投放力度，结合畜牧业生产经营周期和借款人综合还款能力确定授信额度、基准利率、放贷进度、回收期限和结息方式。最后，构建畜牧业保险支持体系，绒毛用羊主产区政府推进畜牧业政策性保险试点改革，将绒毛用羊纳入当地农业政策性保险保费补贴的品种范畴，适度提高保障水平，保险金额基本覆盖饲养成本，降低理赔门槛，引导更多农牧户以养殖保险方式提高避灾减损能力。同时增加金融贷款与保险的协作，鼓励保险机构开发畜牧业信用保证保险产品，充分发挥保险对贷款的信用增进作用。上述政策有助于解决绒毛用羊养殖户生产资金困难，降低养殖风险，激发扩大再生产积极性。预期2022年绒毛用羊产业的金融保险扶持力度将加大。

第七部分

我国绒毛用羊产业存在的主要问题

我国绒毛用羊养殖主要集中在西部、北部等经济发展相对落后的边疆地区，绒毛用羊产业是广大农牧民赖以生存的重要产业。2021 年我国绒毛用羊养殖效益依然不高，农牧户养殖积极性下降，而国外羊毛进口量依然庞大，绒毛产业发展过程依然存在很多亟待解决的问题。

一、"肉用性能改良""转产"现象普遍，绒毛生产存在萎缩风险

2021 年，全球经济恢复增长、绒毛制品消费市场回暖，绒毛价格明显回升，同时养殖成本也明显增长，导致农牧户绒毛用羊养殖效益水平依然处于较低水平，养殖效益偏低严重挫伤了农牧户的绒毛生产积极性。产业经济研究团队调研资料显示，受肉羊高效益的冲击，大部分调研地区的农牧户重视开发绒毛用羊的肉用性能，如内蒙古敖汉旗经过近 5 年选育，培育成功多胎型敖汉细毛羊并开始推广，与超细型敖汉细毛羊相比，较高的产羔率带来了较高的经济效益，但是羊毛单产水平却降低了 10%；内蒙古克什克腾旗、新疆奇台县和乌鲁木齐县的农牧户"转产"肉羊的现象也较为普遍，当地农牧户近年来陆续放弃养殖细毛羊并转向养殖小尾寒羊、萨福克等多胎肉羊品种。调研地区细毛羊养殖规模和细羊毛产量均呈下降态势，2021 年调研地区细毛羊存栏总量为 57.93 万只，较 2020 年年底的 61.11 万只减少了 5.20%，细羊毛总产量 1 813.95 吨，较 2020 年的 1 899.55 吨减少了 4.51%。部分调研地区的绒山羊养殖户因为养殖效益波动性大，"转产""退出"现象也较为普遍。河北青龙县部分农户预测未来羊绒价格和绒山羊养殖效益依然存在较大的不确定性，因此趁 2021 年羊绒价格高企退出了养殖活

动，导致从事绒山羊养殖的劳动力短缺。总体看来，疫情散发带来了绒毛市场的不确定性，而活羊及羊肉价格持续高位运行，导致羊肉较羊毛、羊绒的比价优势进一步凸显，偏低且不稳定的养殖效益导致农牧户养殖积极性下降，多个调研地区的绒毛用羊养殖规模及绒毛产量均处于近年来较低水平，绒毛生产存在萎缩风险。

二、农牧户科学养殖管理水平偏低，先进养殖技术应用少

目前，各调研地区绒毛用羊仍以农牧户小规模分散养殖为主，适度规模的标准化水平偏低，养殖管理仍以全放牧或半舍饲为主，部分地区低水平规模饲养带来的环境污染、质量安全和疾病防控等方面的问题日趋严重。

从养殖设施和机械设备方面看，受国家与省区政策驱动，多数农牧户修建了面积不等的暖棚圈舍、青贮窖、贮草棚和食槽水槽等养殖设施，但是这些设施仅仅能够保障基本生产需求。内蒙古、新疆等牧区养殖户夏秋放牧期间的圈舍以露天围栏结构为主，占地面积较小，设施简单，保暖、贮草、防疫及粪污处理等设施严重不足，冬春舍饲棚圈以彩钢或砖石结构为主，大多未实现人畜分离，存在安全隐患。河北青龙县、宽城县的小规模养殖户普遍分布在交通不便的山区，圈舍较为简陋且大多毗邻养殖户居住的房屋，未实现人畜分离。调研地区的规模养殖场和畜牧企业养殖基地应用了大型成套机具，大部分普通农牧户则以使用小型机具为主，有的农户还获得了政府免费赠与的饲料粉碎机或者加工机械，但由于缺少电机，农户使用程度并不高。

从养殖管理方式看，大多数农牧户因为家庭经济水平、养殖成本、技术效益等原因沿袭传统的"低投入、低产出"的养殖模式，其养殖管理方式大多根据自身经验进行设计。具体来看，内蒙古、新疆、河北等调研地区的农牧户多采用半舍饲方式从事养殖活动，放牧期间完全依靠羊只自由采食，舍饲期间主要投喂自己购买或种植的玉米及农作物秸秆等，河北等山区的农牧户较少购买使用加工饲料进行羊只营养的有效补充。大部分农牧户主要依靠自己的主观经验决定饲草料的配制比例、投喂量和投喂时间，各种饲草料的饲喂量、搭配比例随意性大，饲草料浪费较为严重。

从养殖技术应用看，多数养殖户年龄偏大、文化水平低、思想消极保守，

其长期形成的传统观念难以转变。农牧户普遍重视优良品种的使用，往往自发选择购买具有优良性状的种用公羊进行种群繁殖，并且能够做到种用公羊的及时淘汰和更新。但是受自身文化水平低、思想消极保守、语言交流障碍等因素影响，农牧户参与养殖技术培训和采纳应用先进技术的积极性均较低，调研中发现，接近2/3的细毛羊养殖户和1/3的绒山羊养殖户表示从未接受过绒山羊养殖技术和养殖管理方面的培训，参与相关培训的农牧户对各类养殖技术的掌握情况参差不齐，被动学习居多，还有较多的农牧户表示即使参加了培训，由于技术复杂、资金投入较高等多重原因，他们在现实中也不会采用。内蒙古、新疆等调研地区的细毛羊养殖户均未采用"穿羊衣"技术，普通农牧户以手工剪毛为主，羊毛一般不分级或仅进行简单分级，剔除边肷毛、头蹄毛和粪毛等。在羊舍清洁与消毒方面，农牧户一般在转场、接羔等时期对圈舍进行清理，以喷雾、撒石灰等较为简单的消毒方式为主。在病死羊处理方面，只有少数规模养殖场、养殖小区及养殖规模较大的村落集中修建有无害化处理设施，农牧户一般采用焚烧、深埋等方式处理。河北青龙和宽城等调研地区的绒山羊养殖户均未采用羔羊补饲和早期断奶、圈舍设计与修建、粪污处理等各种技术。总体看来，农牧户，尤其是小规模养殖户长期形成的传统观念尚未根本转变，先进的养殖管理技术应用较少。

三、绒毛用羊专业合作组织与产业链脱节，缺乏带动性

各调研地区的绒毛用羊专业合作组织数量偏少且普遍存在运行不规范现象，甚至还存在一定数量的"空壳社"。大部分合作社缺乏健全的管理和运行机制，尚未建立起规范的会计制度、民主管理制度、利益分配制度等，缺乏带动性。

从合作社数量看，细毛羊调研地区中，敖汉旗涉及细毛羊养殖的专业合作社只有1家；克什克腾旗细毛羊合作组织以肉羊为主，细毛羊养殖专业合作社约20多家，而运作较为规范的仅1家；奇台县德美羊合作社26家，目前多数属于"空壳合作社"；乌鲁木齐县则没有细毛羊养殖专业合作社。绒山羊调研地区中，盖州市畜牧业合作社发展较早，截至2020年底共有193家畜牧养殖合作社，涉及绒山羊的专业养殖合作社约有52家；本溪县有45家畜牧养殖合作社，仅有15家为绒山羊养殖合作社；青龙县

和宽城县注册成立的畜牧养殖合作社较多，但是涉及绒山羊的专业养殖合作社较少，青龙县有 40 家，宽城县仅有 10 家为绒山羊养殖合作社，而且多是为了获取地方扶持或优惠政策，由家庭成员或亲朋好友组成的合作社，这些合作社普遍规模较小，基本维持 5 名社员的最低数量要求，实际有效运作的合作社较少。

从合作社功能来看，尚处于正常运转的合作社开展的服务和活动主要集中在统一销售畜产品上，部分合作社还提供与养殖活动有关的饲草采购、养殖技术指导等初级合作内容，较少开展深加工等产业链延伸或提升产品附加值的经营活动。如敖汉旗仅有的一家细毛羊养殖合作社主要提供品种改良、销售、技术培训、采购原材料等常规服务，奇台县重点推动草畜联营合作社建设，该县的细毛羊合作社多是为获取融资、贷款、补助资金或征地便利成立的"空壳合作社"；盖州市的绒山羊养殖专业合作社发展历史较长，从实际运行效果看，合作社缺乏规范的管理章程和有效的运作机制；本溪县对合作社具有一定的支持力度，但因为缺乏经营管理经验，正常运行的合作社数量较少；青龙县和宽城县的合作社大多是为了获取国家优惠贷款、项目扶持成立，随着后续支持措施的减少，合作社并未开展实际运作。总体来看，大部分调研地区的绒毛用羊养殖和绒毛生产依然以家庭为基本单位开展生产经营活动，各家各户分散生产、单独经营，彼此之间的经济联系处于分散状态，即使某些业已成立的合作社组织内，成员之间关系也比较松散，缺乏资金、技术和人才等资源的整合利用，也鲜有建立起风险共担和利益共享机制，无法与产业链的生产、仓储、加工、物流、产销一体等环节形成有效对接，示范带动作用有限。此外，合作社普遍缺乏基础建设和运行经费，合作社的经营管理人才也较为匮乏，尤其缺乏市场营销、财务核算等方面的专业人才。

四、基层畜牧兽医基础设施不完善，专业技术人才"青黄不接"

基层畜牧兽医服务机构是政府为农民提供畜牧兽医技术公共服务的桥梁和纽带，基层畜牧兽医专业技术人员的技术水平和业务素质更是直接影响到养殖户的切身利益，也关系到国家各项畜牧法律、法规的贯彻执行。大部分调研地区的基层畜牧兽医服务部门普遍存在基础设施条件差、专业技术人员短缺及技术老化等问题。河北的宽城县、青龙县的畜牧兽医管理部门指出在基层尤其是乡镇畜牧兽医管理和服务部门，一个畜牧工作人员往往要同时服务多个村落，甚至需要同时兼顾多个畜种，且各种先进诊疗设备也比较稀缺，工作任务繁重且工作条件和工作环境比较差。新疆乌鲁木齐县基层畜牧兽医服务工作尤其是村级防疫工作也面临人员严重匮乏的问题，疫情防控工作、安全维稳工作、基层扶贫及支教等事宜还经常抽调基层畜牧工作人员，细毛羊良种保护和推广工作也因人手不足无法顺利开展。此外，基层兽医管理部门还面临经费投入不足及工作人员薪酬福利待遇偏低等困难，这也难以吸引和留住年纪轻、学历高的专业技术人才，畜牧兽医队伍的技术水平较难得到新生力量的补充和提升，畜牧兽医人员"青黄不接"问题日趋严重。本溪县农业专业技术人员编制仅有192个，而在编在岗只有132人（包括各乡镇及街道），乡镇技术推广人员编制78人，实有34人，负责畜牧兽医技术推广的只有6人，该单位已经23年未招聘过新员工，目前的工作人员平均年龄在50岁左右。另外，各调研地区目前从事畜牧兽医工作的大多是20世纪八九十年代的中专毕业生，因年龄普遍偏大、学历层次偏低、知识老化造成其服务能力和质量较低，无法满足大量养殖户的需要。

五、绒毛销售渠道单一，"优毛（绒）优价"机制尚未全面建立

目前，各调研地区绒毛销售渠道仍以贩子收购为主，且多数调研地区没有专门的绒毛交易场所，农牧户和绒毛加工企业大多依赖商贩完成绒毛交易行为，工牧直交等现代化交易方式发展缓慢，"优毛优价"机制尚未全面建立。从调研情况看，克什克腾旗2019年之前通过金峰畜牧有限公司采用工牧直交方式销售细羊毛，近两年细羊毛价格较低，该公司不再开展细羊毛销售业务，目前克什克腾旗农牧户均采取商贩上门收购方式销售细羊毛；乌鲁木齐县农牧户均采用机械剪毛技术，羊毛细度以70支为主且净毛率高达68%，但农牧户普遍缺乏分级销售意识，一般直接将细羊毛混等混级销售给收购商贩，交易价格主要由农牧户和商贩讨价还价后确定，农牧户议价定价能力往往较弱，无法实现"优毛优价"；青龙县和宽城县绒山羊养殖户大多分散居住在山区，完全依赖商贩上门收购羊绒，而且大多数养殖户不对羊绒进行分级整理，往往直接

交付商贩并与其经过简单的讨价还价进行交易。各调研地区的贩子主要是通过购销差价赚取利润，因此，商贩"压级压价"的现象非常普遍，优毛（绒）优价机制尚未全面建立，直接损害了农牧户的经济利益。

六、绒毛用羊产业扶持政策缺乏系统性和稳定性

近年来，国家不断加大对畜牧业的扶持力度，但是针对绒毛用羊的扶持政策相对较少，扶持力度较弱且缺乏稳定性。各调研地区绒毛用羊的扶持政策多为面向所有畜种的普惠型政策，如农机购置补贴、标准化规模养殖奖励、动物疫病防控支持政策等。即使绒毛主产区也鲜有专门针对绒毛用羊支持措施。现有扶持措施主要集中在绒毛用羊养殖环节，绒毛加工、销售、流通等环节的扶持政策较少，不利于产业价值链延伸和价值提升。同时，部分地区的产业扶持政策的实行期限较短，缺乏稳定性，导致农牧户对产业政策的预期性下降。

从调研情况看，敖汉种羊场较为重视细毛羊的保种和扩繁发展，然而该场所在旗以多胎且养殖效益较好的肉羊为主导畜种，并没有专门针对细毛羊产业发展的系统扶持政策。克什克腾旗在国家畜牧业扶持政策框架内对细毛羊产业的资金投入较多，侧重品种改良与养殖设施建设领域，但补贴标准偏低，如种用公羊单补政策，农牧户购买优质种畜自付资金比例高达66.67%。奇台县将细毛羊产业作为当地的主导产业，在国家畜牧业扶持政策框架内对细毛羊产业的资金投入较多，但是从产业角度出发，与细毛羊相关的扶持政策尚未形成体系，多集中于品种改良方面，而加工、销售、流通等方面扶持政策较少，不利于细毛羊产业的持续健康发展。乌鲁木齐县仅执行国家颁布的畜牧业相关扶持政策，并没有专门针对细毛羊产业的相关扶持政策。此外，调研地区对细毛羊产业的金融扶持力度较弱，贴息贷款、低息贷款及养殖保险保费补贴等金融扶持政策主要针对肉牛、奶牛等大畜，多数调研地区的细毛羊品种未纳入保险范围。一般农牧户只能通过五户联保、个人信用评级申请到5万~8万元的小额贷款，超额则利率偏高且需要抵押或担保，多数农牧户存在资金缺口。

盖州的绒山羊产业发展历史悠久，属于当地畜牧业主导产业，因此辽宁绒山羊品种在保种、培育与推广等方面获得了一定数量的保种和品种推广的经费

支持，其他地区均没有相关的品种保护的财政扶持政策；农机购置补贴政策已经将与绒山羊产业密切相关的多类机械列入补贴名录，并规定了各类机械的最高补贴限额，但根据农牧户使用的机具品种的具体情况，实际获得的补贴数额偏低，对于养殖户机械化水平提高的作用甚微；各地在推行标准化规模化养殖的过程中，主要扶持和奖励集中投放到养殖规模较大的少量养殖户身上，部分地区的小规模养殖户在棚圈建设方面也获得了一定的扶持，但该项扶持多以棚圈建设面积作为扶持力度的重要计算标准，小规模养殖户获得的扶持相对较少，甚至有些地区并未针对小规模养殖户实行类似扶持。

七、羊毛进口数量庞大，国内羊毛生产依然承受外国羊毛生产冲击

我国不仅是羊毛生产大国，也是世界上最大的羊毛制品加工中心。2021年，全球经济持续复苏，羊毛制品消费需求回暖，国内外毛纺市场均恢复至接近2019年水平。中国毛纺织行业协会数据显示，以羊毛为主要原料的毛纺产品内销比例持续两年提高，2021年全年内销市场规模与疫情前的2019年相比增长了接近10个百分点。根据国家统计局数据，2021年1—11月，实体商店服装鞋帽类商品零售总额同比增长14.9%，穿类商品网上零售额增长11.1%。从国外主要毛纺消费市场看，1—11月美国进口毛纺产品总计31.4亿美元，同比增长24%，欧盟区毛纺消费也处于不断恢复的区间，1—8月进口区外毛纺产品总计约23亿美元，同比增长2.5%。羊毛消费增长导致相关原料需求亦大幅增长。2021年我国全年进口的羊毛、羊毛条总量高达28.83万吨，较2020年的22.47万吨增长28.30%。目前，国内企业精纺所用的优质细羊毛仍然依赖从澳大利亚进口，2021年仅从澳大利亚一国的羊毛进口量就高达18.10万吨，已经远远超过我国近年来的细羊毛年产量。根据商务部《2022年羊毛、毛条进口关税配额管理实施细则》，我国2022年羊毛进口关税配额总量为28.7万吨，毛条进口关税配额为8万吨。2022年1月1日起，区域全面经济伙伴关系协定（RCEP）正式生效，东盟十国和中国、日本、澳大利亚和新西兰均为首批生效的国家。RCEP区域涵盖了从羊毛生产到产品消费的全产业链。澳大利亚、新西兰是羊毛的主产地，中国和东盟是主要的毛纺加工制造国家。RCEP的生效，区域内自由贸易扩大和加深，也进一步推动我国和澳大利

亚、新西兰等国的羊毛原料贸易。货币基金组织（IMF）预测 2022 年全球经济增长率为 4.40％，制造业和全球贸易将持续复苏，国内加工企业原料采购需求也有可能进一步增加。在此背景下，庞大的进口总量，其中还包括对澳大利亚优质细羊毛的依赖性进口，势必对我国羊毛生产带来冲击，国毛市场份额将进一步受到挤压。在国毛市场份额下降的同时，生产羊毛的农牧户必然蒙受经济损失，羊毛产业与发展也将受到威胁。

第八部分

促进我国绒毛用羊产业发展的对策建议

在肉羊比较效益和进口羊毛双重压力下，国内绒毛生产形势依然严峻。加强对绒毛用羊产业发展的重视和扶持已经刻不容缓。本部分从我国绒毛用羊产业发展现状出发，针对目前产业发展过程中存在的主要问题，提出对策建议。

一、加快建设绒毛产业政策支持体系，健全政策落实的长效机制

绒毛产业是我国极具特色和优势的畜牧产业，绒毛用羊养殖和绒毛生产对于保障农牧户收入、维护社会稳定有着重要作用。目前除了执行现有国家相关扶持政策外，部分绒毛主产区还在品种改良、棚圈建设、金融保险等方面出台了相应的扶持政策和发展规划，取得了一定的成效，但是总体来看绒毛用羊相关扶持政策相对较少，扶持力度较弱且缺乏稳定性，为此建议加快建设产业政策扶持体系，健全政策落实长效机制。

第一，从现有的生态资源情况、产业发展现状及前景出发，构建包括养殖、生产、加工、流通和外贸等环节的绒毛用羊产业政策扶持体系。根据部分调研地区的经验建议在养殖环节注重选育和扩繁，可采取种用公羊补贴、能繁母羊补贴等政策促进农牧户使用优良品种和采用先进的养殖方式；在生产环节，推广"穿羊衣"、机械剪毛（绒）、分级整理、规范打包等现代化管理技术；在流通环节，在绒毛主产区建立区域性绒毛交易市场，基于公证检验制度为农牧户和毛（绒）纺加工企业建立沟通渠道；在外贸环节，推进绒毛制品的出口促进措施，建立羊毛（绒）预警信息机制等。

第二，加大对绒毛产业的金融支持力度。2020年新冠肺炎疫情爆发以来，

绒毛生产过程中的饲草料购置成本、雇工成本、防疫成本、产品运输成本等均显著增加，资金短缺已经成为绒毛生产过程中的主要困难之一。根据产业经济研究团队调研资料，有47.82%的农牧户表示养殖过程中面临的主要困难是缺乏资金，还有部分农牧户表示因为缺乏资金而不打算扩大养殖规模，多名养殖专业合作社社长在访谈中也表示缺乏经营资金，绒毛收购商贩及加工企业在收购过程中也经常出现资金周转困难。为此建议政府部门、金融机构和担保机构等多方合作，探索制定畜牧业贷款管理办法，在农牧户小额信贷、中长期贷款方面给予支持，同时积极调动绒毛主产区地方财政加大贷款贴息力度，撬动更多金融资本进入畜牧业发展领域，在贷款担保方面，采用活体质押、固定资产评估抵押、个人信用担保、反担保、联保等方式，尽可能为有需求的农牧户、合作社提供贷款支持。

第三，为了保证各类扶持政策的有效落实，建议构建自上而下的政策绩效考评体系，在严格落实各项政策的基础上，将各类资金的兑付与农牧户落实效果挂钩，与相关政府工作人员履职效果挂钩，用有效的考核机制充分发挥财政资金的使用效果，从而加强相关扶持政策对绒毛用羊产业的促进作用。

二、加强优良品种的保护，提升绒毛用羊生产性能

近年来受肉羊比较效益和非农产业高收入冲击，加上养殖成本上涨、绒毛价格不稳定等因素影响，较低的绒毛效益严重挫伤了农牧户的养殖积极性，绒毛生产存在萎缩风险。部分绒毛主产区的绒毛用羊转产肉羊现象普遍，农牧户片面追求羊只肉用价值的提高，致使优良品种的绒毛用羊的产毛（绒）性能得不到有效发挥，绒毛质量也存在下滑风险。为此，建议加强对优良品种的保护、提升绒毛用羊生产性能，用于增加绒毛经济效益、提升农牧户的绒毛生产积极性。

第一，加强对原种场、种羊场、扩繁场（站）等良种培育和推广机构的扶持力度。根据各级良种繁育机构的存栏量、养殖场地、科研能力等拨付相应的保种经费，在保护已有优良品种核心种群的基础上，侧重多胎型、体格大型、肉用型等优良品系的选育，以保障并提高养殖户的经济效益。

第二，引导原种场、种羊场等良种培育主体与规模养殖场、养殖小区以及农牧户等扩繁主体之间的横向合作。以承包、委托、合作等多种经营方式推动

绒毛用羊扩繁基地建设，在品种改良、疾病防控、产品生产与销售等方面进行统一管理，将良种培育主体的技术和管理优势与扩繁主体的规模优势有机结合，严防因为养殖数量的缩减导致珍稀地方品种资源的流失。

第三，逐步完善良种繁育政策扶持体系，加快良种化进程。在绒毛主产区恢复实施优质绒毛用羊种用公羊补贴政策，对能繁母羊、后备母羊等给予适度补贴，补贴标准可以与生产性能挂钩，将符合地区品种区域规划、适应性强、生产性能好的地方优势品种纳入补贴范畴，激励养殖户购买优良品种并支持其整群发展，严防优良品种群体萎缩，确保农牧户绒毛用羊养殖的良种化率和养殖规模。对标准化规模养殖场、家庭农场、合作社等新型经营主体给予重点支持，具体补贴标准与良种绒毛用羊的性能指标挂钩，实现"优品优补"。

三、创新基层技术服务组织运行模式，提高实用养殖技术普及率

绒毛产业持续健康发展的关键在于从业人员的素质，但是传统牧民受教育程度偏低，市场意识淡薄，缺乏主动学习和采纳实用养殖技术的积极性，而作为技术推广主力的基层畜牧工作人员，亦存在知识陈旧、老龄化、人员流动性大等问题，不仅直接影响了养殖户的切身利益，也影响了绒毛用羊产业的健康发展。为此建议加快基层专业技术人才补充，创新基层技术服务模式，提高实用养殖技术普及率。

第一，加强基层畜牧技术人员队伍建设。通过建立畜牧业专业人才实训基地、专题培训、学术交流等方式，促进基层专业技术人员更新知识结构，提升业务水平和专业技能，重点提升基层畜牧技术人员在畜牧技术推广、动物防疫、动物卫生监督、兽药饲料监管等方面的技术水平。通过完善基层专业技术人才招聘引进机制，改进基层事业单位公开招聘办法，强化对自然环境恶劣及偏远地区特殊倾斜政策，有效解决基层"招人难"问题。

第二，构建基层畜牧兽医服务网络体系，通过技术培训提高农牧户实用养殖技术的应用水平。一是加强对农牧户技术需求情况的了解，重点在繁育技术、饲养管理、日粮配制、防疫检疫、无害化处理、机械剪毛等方面给予及时有效的技术支持和培训，引导农牧户向科学化、集约化、专业化的养殖方式转变；二是根据农牧户的理解和认知情况创新技术培训方式方法，通过入户指

导、现场展示交流、技能竞赛等方式，提高农牧户参与技术培训积极性，逐渐由被动学习向主动学习转变，提高技术培训效果和农牧户对实用养殖技术的实际应用水平；三是利用信息化网络，共享服务资源，并通过线上线下多种服务形式帮助养殖户解决实际问题，提高基层畜牧技术服务水平。

第三，创新基层技术社会化服务组织运行模式，在良种繁育、饲料营养、疫病监测诊断治疗、机械化生产、产品储运、废弃物资源化利用等方面，培育畜牧科技服务企业，以社会化服务推动绒毛专业化生产。政府可以通过畜牧科技服务企业的服务产品承担辖区内的疾病防控和各类实用养殖技术推广等公益性职能，推动养殖户与企业签订技术服务合同，以满足养殖户技术服务需求。

四、规范专业合作社发展，提高农牧户组织化程度

农牧民专业合作社建设，是提高我国绒毛产业组织化、规模化程度的有效举措。目前，各调研地区规范运行的绒毛用羊养殖专业合作社数量较少，示范带动作用不强。因此，建议养殖专业合作社规范发展，提升办社质量，不断增强合作社的服务带动能力，提高农牧户的组织化程度。

第一，鼓励养殖大户、绒毛收购企业或者加工企业等发起成立养殖专业合作社，提高农牧户的合作意识并鼓励其自愿加入合作社。养殖专业合作社与养殖、生产、加工、销售等环节的其他合作社、种羊场、规模养殖场（区）、企业等生产经营主体进行横向或纵向合作，发展合作社联合社、种羊场＋合作社、规模养殖场（区）＋合作社、企业＋合作社等多种形式的产业联合组织，通过合作组织在配种、防疫、养殖、产品收获及销售等方面对农牧户进行统一管理，延伸产业链条，向产加销一体化拓展。

第二，健全管理体制，规范合作经济组织运营。各级地方政府加强对合作社登记管理和经营运作的监管，一方面在合作社建立过程中给予必要的指导，帮助其建立会计制度、民主管理制度、利益分配制度、小农利益保护机制等，逐步形成完善的运行机制；另一方面，清退没有开展过业务或活动的养殖专业合作社，优化合作社运营的外部环境。

第三，加大对合作经济组织启动资金、信贷、税收、人才等方面的扶持。对于运作规范的合作经济组织给予担保资质、补助奖励、税收优惠及申请项目资助等政策支持，解决合作社发展过程中资金不足的问题，同时加强对合作社

负责人及技术骨干的培训力度，提高其经营管理能力，促进合作社进一步发展壮大。

五、加快建设绒毛生产、流通质量控制体系，逐步建立"优毛（绒）优价"机制

目前，我国农牧户绒毛交易仍以商贩收购为主，普遍缺乏固定、规范的羊毛交易场所，"污毛（绒）计价""混等混级""压级压价"等现象较为普遍。因此建议加快建设绒毛生产、流通质量控制体系，逐步建立"优毛（绒）优价"机制。首先，在绒毛主产区推行"穿羊衣"、机械剪毛（绒）、分级打包、公证检验等绒毛生产采集现代化管理技术，为建立"优毛（绒）优价"机制奠定基础；其次，加快推动专业合作社、养殖场、家庭牧场、经纪人等流通主体的培育，提高绒毛生产销售主体的规模化、专业化和组织化程度，鼓励对机械剪毛、分级整理技术掌握纯熟、管理规范的种羊场、国有牧场、大型养殖企业、专业合作社等养殖主体与农牧户建立合作关系，在羊毛生产、回收、销售方面提供技术服务和统一管理，实行工牧直交和净毛计价，实现"小农户"、"小生产"与"大市场"的有效对接；最后，加快建设布局合理、具有区域辐射性的绒毛交易市场，并在区域范围内实行公证检验制度，对绒毛进行分选、分级和打包，并在交易平台竞价销售，实现"优毛（绒）优价"。此外，还应加强对绒毛销售环节的监管，对销售过程中收购商贩刻意压级压价、提供虚假信息等问题进行严厉处罚，营造良好的销售环境，规范市场流通秩序。

六、加强草原牧区基础设施建设，健全饲草料生产供应体系

近年来，随着草原保护修复重大工程项目和政策深入实施，我国草原生态环境持续恶化势头得到明显遏制，但畜牧养殖基础设施建设滞后，部分区域畜牧业超载过牧、粗放经营、无序垦荒以及自然灾害频繁等问题依然存在，新冠疫情更是暴露了我国饲草料等基础生产资料保障储备体系不完善的短板，为此建议加强草原牧区基础设施建设，健全饲草料生产供应体系。首先，继续严格执行禁牧、休牧、划区轮牧和草畜平衡等草原生态保护措施，加强可利用草场资源的管护，恢复天然草原植被，提高草原生产力和载畜量，通过草场确权和

经营权流转，优化天然草场和打草场资源配置，提高四季牧场利用率，实现适度规模养殖的同时，解放并转移多余劳动力实现增收；其次，进一步优化主产区"粮、经、饲"三元结构，依托粮改饲试点、草牧业发展试验试点、高产优质苜蓿示范建设项目、秸秆养畜等，积极开展以苜蓿、饲料玉米、青贮玉米等人工饲草种植，扩大集中连片、林草一体化人工饲草料地种植面积，配套动力电、机井、小型喷灌、引水管道、桥涵及林带等节水灌溉设施建设，优化农牧户饲草料地不同饲草品种的种植结构，同时为农牧户提供草种、饲草收割机械等方面的配套服务，提高饲草供应能力；最后，完善饲草料加工利用设施，推行青贮制作、饲草料加工调制、草料配合饲喂等技术，提高秸秆转化利用率，建设饲料储备加工点，引入草产品加工企业，侧重预混饲料、青贮饲料、人工牧草和天然饲草的加工，推进饲草料专业化生产，并提高饲草料利用率，加快饲草料商品化交易流通，增强饲草料生产供应保障能力。

七、建立羊毛进口信息预警机制

我国是羊毛生产大国，同时也是羊毛制品加工大国。近年来国内细羊毛产量持续下滑，国家统计局最新统计数据显示，2020 年细羊毛产量仅为 10.61 万吨，细羊毛尤其是超细羊毛仍是供需缺口较大的农产品之一。为了平衡这一缺口，每年均需要进口一定数量的羊毛，但是大量进口势必造成对国际羊毛市场的过度依赖，国内羊毛生产也会受到外毛的挤压，影响我国绒毛产业的发展和升级。2021 年度我国自澳大利亚、新西兰、南非等国家进口羊毛的数量依然较为庞大，为国内羊毛产业的进一步发展及产业安全带来了一定的威胁。为了应对国外羊毛对我国羊毛生产的影响，防止国外羊毛剧烈冲击国内市场，应当建立羊毛进口信息预警机制。首先，应紧密跟踪国际羊毛市场供给变化和价格波动变化，及时调整生产结构，在一些关键性生产、流通环节或其他重要环节实现突破性进展，不断提高羊毛质量，增加羊毛产量，增强国毛竞争力。其次，应关注羊毛累计进口量的变化情况，当羊毛进口量超过国内承受的限度时，及时采取相关措施进行补救，如鼓励国内加工企业使用国毛，对直接采购国毛的企业实施生产奖励政策。此外，还应促进国内加工企业实施统一的进口战略，规避澳大利亚等其他国家羊毛在羊毛定价权上的垄断。

2021年细毛羊产业
发展调研报告

为了准确掌握 2021 年度我国细毛羊养殖形势,了解细毛羊产业发展现状,破解细毛羊产业的发展难题,国家绒毛用羊产业技术体系产业经济研究团队根据我国细毛羊分布情况,分别与内蒙古赤峰细毛羊综合试验站和新疆乌鲁木齐综合试验站合作开展了关于细毛羊养殖等情况的调研活动。本次调研地点包括内蒙古赤峰细毛羊综合试验站的两个示范县(敖汉旗和克什克腾旗)、新疆乌鲁木齐综合试验站的两个示范县(奇台县和乌鲁木齐县)。调研采取农牧户问卷调查以及与调研地区畜牧管理部门相关领导、种羊场、合作社和规模养殖场主要负责人、羊毛收购商贩等产业主体进行座谈等多种形式,通过调研,我们获得了关于细毛羊生产的详细资料,了解了我国细毛羊产业发展的最新情况,调研内容报告如下。

一、细毛羊养殖形势与产业发展现状

(一)各调研地区细毛羊养殖品种各具特色

内蒙古、新疆等地通过科研人员多年的艰辛努力,已经培育出既能适应当地气候环境又具备良好生产性能的细毛羊品种。各调研地区繁育的主要细毛羊品种及其生产性能指标如表 2-1-1 所示。

表 2-1-1　2021 年各调研地区细毛羊品种及其产毛性能指标

调研地区	品种	细度 (支)	长度 (厘米)	净毛率 (%)	单产水平 (千克/只)
敖汉旗	敖汉毛肉兼用细毛羊	66~70	9.5	40~45	6.5
克什克腾旗	昭乌达肉羊	60~66	7.0~7.5	47	4.5
奇台县	德国美利奴羊	60~64	4.5	50	3.5
乌鲁木齐县	苏博美利奴	70~80	8.0~9.0	68	5.0

数据来源:当地农牧局统计资料和访谈记录,其中各指标项均为成年母羊所产细羊毛的质量指标。

内蒙古敖汉旗养殖的细毛羊品种主要是敖汉毛肉兼用细毛羊,该品种以当地蒙古羊为母本,苏联美利奴羊为主要父本,经过杂交改良、横交和自交繁育培育而成,1982 年被正式命名为"敖汉毛肉兼用细毛羊"。为改善羊毛的综合品质,20 世纪 90 年代该品种通过全面导入澳洲美利奴羊血液,提高了生产性能。敖汉细毛羊以适应恶劣的风沙气候而著称,具有抓膘快、抗病力强、遗传性能稳定、繁殖力较高和适应性强等特点。敖汉细毛羊的羊毛长度及整齐度较好、细度均匀,体侧与股部的羊毛不超过一个支数级差,油汗乳白色或白色,羊毛呈明显的中弯曲状。

克什克腾旗主要养殖品种是昭乌达肉羊,该品种以改良型细毛羊为母本,以德国肉用美利奴羊为父本,采取级进杂交,在细德杂交二代基础上进行横交固定选择培育而成的肉用性能突出的肉毛兼用品种,2012年被正式命名为"昭乌达肉羊"。昭乌达肉羊体格较大,结构匀称,胸部宽而深,背腰平直,四肢结实,具有早熟性。该品种具有适宜季节性放牧与补饲饲养方式、耐粗饲、抗逆性强、肉用性能好、繁殖率高、产毛性能较好以及毛质细度均匀等特征。

奇台县养殖的细毛羊品种主要是德国美利奴羊(下文简称"德美羊"),该品种原产于德国萨克森地区,是用泊列考斯公羊、英国莱斯特公羊与原产于德国的美利奴母羊杂交培育而成,属毛肉兼用型细毛羊,具有体格大、成熟早、繁殖力强、被毛品质好等品种特性。德美羊公羊、母羊均无角;体躯大,胸宽深,背腰平直,肌肉丰满,后躯发育良好,四肢强健;被毛呈白色,密而长,弯曲明显。

乌鲁木齐县养殖的细毛羊品种主要是苏博美利奴羊,该品种是以澳洲美利奴超细型公羊为父本,以中国美利奴羊、新吉细毛羊和敖汉细毛羊为母本,采用核心群、育种群和改良群三级开放式联合育种方案,历经级进、横交和纯繁三个阶段系统选育而成的羊毛纤维直径以17.0~19.0微米为主的精纺用超细毛羊新品种,具有被毛品质好、羊毛细度高、体型良好和遗传性能稳定等品种特性。苏博美利奴羊公羊有螺旋形角,母羊无角;体质结实,结构匀称,体型呈长方形;公羊颈部有2~3个发达的横皱褶和纵皱褶,母羊颈部有发达的纵皱褶;被毛白色且呈毛丛结构,闭合性良好,密度大,毛丛弯曲明显,整齐均匀,油汗白色或乳白色。

(二)细毛羊养殖条件有所改善,管理技术有所提升

各调研地区均处于草原牧区,受访的农牧户大多拥有一定面积的天然草场或饲草料地。随着国家对草原生态环境保护的重视和对草食畜牧业发展财政投入的不断增加,农牧户的养殖条件有所改善,饲养管理和技术水平也有所提升。

在养殖条件方面,大多数调研地区的农牧户在当地政府扶持下修建了专门用于细毛羊养殖的暖棚圈舍,并且通过购置、自制等途径配备有草料架、水

槽、盐槽等基本饲喂设施，部分地区还修建了细毛羊养殖的标准化圈舍。

在饲料投入方面，各调研地区的细毛羊饲草料以天然牧草、农牧户自产或购买的玉米、秸秆、干草、苜蓿等为主，部分养殖户会对种用公羊、怀孕母羊、产羔母羊、羔羊分别按不同标准补饲以满足其营养需求。此外，各调研地区均注重细毛羊养殖所需饲草料的种植与制作，敖汉旗、克什克腾旗以及奇台县的农牧户均以种植青贮玉米为主，少数农牧户会种植燕麦草、苏丹草等牧草。在饲草料加工方面，敖汉旗和克什克腾旗的农牧户能够熟练掌握青贮制作技术；奇台县小规模农牧户一般不会制作青贮，只是将青贮玉米粉碎后饲喂细毛羊，而养殖小区和规模场则会进行青贮制作。乌鲁木齐县农牧户大多熟练掌握饲草料加工和青贮制作技术。

在牧业机械使用方面，除乌鲁木齐县之外各调研地区情况相近，养殖户一般拥有小型铡草机、饲料粉碎机、小型拖拉机等机械，养殖大户、家庭牧场和规模养殖场一般拥有中型饲料粉碎机、揉丝机等机械，少数资金实力较强的养殖大户或规模场购置了中型饲料粉碎机、青贮打包机、揉丝机、捆草机、TCM饲料混拌机等大型机械。乌鲁木齐县南山种羊场则配有拖拉机、收割机、打捆机、清选机、大型饲料粉碎机、剪毛机、打包机等机械，设备比较齐全。

在养殖技术应用方面，调研地区之间略有差异。从舍饲管理技术看，由于调研地区多以"放牧＋补饲"的养殖方式为主，普通农牧户基本都熟练掌握圈舍修建、舍饲管理、饲草料加工等实用养殖技术。从人工授精技术看，该技术在各调研地区推广应用时间较早，技术普及率较高。具体来看，敖汉旗主要通过敖汉旗良种繁育推广中心对周边区域农牧户提供品种改良服务，细毛羊人工授精比例高达95％。克什克腾旗细毛羊养殖人工授精比例约为10％，技术采用主体以规模场为主，而小规模养殖户一般采用购买种用公羊自然交配的方式。奇台县采取细毛羊人工授精、胚胎移植和自然交配相结合的方式，实现了品种改良在农牧区的全覆盖。截至2021年7月，奇台县有德美羊配种站14个，为全县农牧户免费提供人工授精技术服务，人工授精比例约为30％，300只以上规模化养殖场基本采用人工授精技术，而小规模养殖户的细毛羊仍以自然交配为主。乌鲁木齐县建成人工授精配种站4个，其中核心群细毛羊人工授精比例达到100％。从"穿羊衣"技术看，调研地区均未采用"穿羊衣"技术。

在剪毛方面，各调研地区机械剪毛率较高。敖汉旗机械剪毛率为80％，其中规模场和养殖大户机械剪毛率达到100％，散户机械剪毛率约为70％。克什克腾旗机械剪毛率为100%，主要原因：一是草原金峰畜牧有限公司组建了专业剪毛队伍，服务覆盖全旗70%的细毛羊养殖户；二是随着近年来劳动力成本上涨，农牧民更倾向于雇佣剪毛队进行机械剪毛，工作效率和羊毛品质均有保证。奇台县农牧户均为手工剪毛，主要原因是当地缺少专业的剪毛人员和场地，且户均养殖规模较小，农牧户一般利用家庭自有劳动力或互助服务方式进行手工剪毛。乌鲁木齐南山种羊场拥有自己的剪毛队，2021年机械剪毛率达到100%。

（三）调研地区细毛羊养殖规模整体呈下降趋势

根据调研数据，2021年度各调研地区细毛羊养殖规模的变化方向并不统一，但整体呈下降趋势，2021年年底细毛羊存栏总量为57.93万只，比2020年年底减少3.18万只，降幅为5.20%。具体来看，敖汉旗2021年年底细毛羊存栏量为0.60万只，较2020年增加0.09万只，增幅为17.65%；克什克腾旗、奇台县和乌鲁木齐县2021年年底细毛羊存栏量分别为39.08万只、18.00万只和0.25万只，较2020年分别减少1.02万只、2.00万只和0.25万只，降幅分别为2.54%、10.00%和50.00%（表2-1-2）。

表2-1-2　2020—2021年各调研地区细毛羊存栏量

单位：万只，%

调研地区	2020年	2021年	变化率
敖汉旗	0.51	0.60	17.65
克什克腾旗	40.10	39.08	−2.54
奇台县	20.00	18.00	−10.00
乌鲁木齐县	0.50	0.25	−50.00
合计	61.11	57.93	−5.20

数据来源：当地农牧局统计资料和访谈记录。

近年来，敖汉旗细毛羊养殖规模基本处于稳定态势，2021年敖汉旗细毛羊养殖规模大幅增长得益于多胎型敖汉细毛羊的推广。2016年，敖汉种羊场从新疆紫泥泉种羊场引进2只多胎细毛种用公羊、3只种母羊和100枚多胎冻精，进行敖汉细毛羊杂交改良，培育多胎型敖汉细毛羊。经过近5年选育，多胎型敖汉细毛羊培育成功并开始推广。多胎型敖汉细毛羊产羔率高达165%，远高于超细型敖汉细毛羊的125%。2021年敖汉旗新增5户多胎型敖汉细毛羊养殖户,平均养殖规模为300只,而原有细毛羊养殖户没有退出且养殖规模基本稳定,因此,2021年底敖汉旗细毛羊存栏量较上年有所增长。

克什克腾旗细毛羊存栏量下降主要受肉羊和肉牛养殖冲击。首先,虽然克什克腾旗的昭乌达肉羊为肉毛兼用型细毛羊,但小尾寒羊等肉羊品种产羔率高、生长发育快、胴体重较高且适应性强。以小尾寒羊为例,与昭乌达肉羊进行比较,小尾寒羊繁殖率接近300%,昭乌达肉羊繁殖率仅为135%,以能繁母羊为统计口径,在不考虑养殖设施折旧费用条件下,小尾寒羊养殖纯收益为1 500元/只,而昭乌达肉羊养殖纯收益仅为700元/只。相对比较效益较低使农牧户养殖昭乌达肉羊的积极性受到打击,陆续放弃养殖细毛羊并转向养殖小尾寒羊等多胎肉羊品种,导致克什克腾旗细毛羊养殖规模下降。其次,肉牛养殖效益持续上涨也是克什克腾旗细毛羊存栏量下降的主要原因,调研资料显示,2021年克什克腾旗每只出栏肉牛养殖成本为4 000元,养殖收益为6 000元,而每只出栏昭乌达肉羊养殖成本为800元,养殖收益为600元,牛羊成本比为5:1,而收益比为10:1,肉牛和细毛羊养殖成本收益比例不匹配促使部分农牧户放弃养殖细毛羊转而养殖肉牛。

肉羊冲击、养殖成本上涨以及劳动力转移就业是奇台县细毛羊存栏量下降的主要原因。首先,小尾寒羊、萨福克羊等肉羊品种产羔率高,生长发育快,养殖效益高于细毛羊。调研资料显示,肉羊产羔率超过200%,四月龄断奶羔羊平均体重30千克,出栏羊平均销售价格1 100元/只,而细毛羊产羔率为110%,四月龄断奶羔羊平均体重仅25千克,出栏羊平均销售价格900元/只,单只羊销售收益相差200元。同时奇台县从2020年开始重点推广杜泊、萨福克和澳洲白等肉羊品种,并将以上品种纳入良种补贴名录,细毛羊较低的效益和地方政府主推肉羊品种的政策导致农牧户细毛羊养殖积极性下降,部分农牧户转产养殖小尾寒羊、萨福克等多胎肉羊品种。其次,2018年以来奇台县推动以自然村或村大队为单位的农户土地流转,土地流转后,细毛羊养殖需要的饲草料全部需要以市场价格外购,导致饲草料成本显著上涨,养殖成本上涨一定程度抑制了农牧户养殖细毛羊的积极性。最后,受城镇化进程加快、土地流转增加等因素影响,大量年轻男性劳动力选择外出务工,部分养殖户逐步退出细毛羊养殖,在一定程度上导致细毛羊养殖数量下降。

乌鲁木齐县细毛羊养殖规模下降除受上述肉羊效益冲击之外,还受到草原载畜量和环境保护压力、区域旅游拉动效应的影响。首先,乌鲁木齐大面积草场被划为二级水源保护区域（乌拉泊水库和乌鲁木齐河），由于创城、环保监察、草原生态补奖等政策的实施导致天然饲草资源不足，本地约40%的饲草料需要外调购进满足生产需求，且受新冠肺炎疫情影响，运输费用增加，导致饲草料成本大幅上涨，以细毛羊主要饲草料为例，2021年7月玉米价格和麦草价格分别为2.5元/千克和1.0元/千克，分别较2020年同期增长了16.28%和25.00%。其次，近年来乌鲁木齐县开发本地优质旅游资源成为旅游热点区域，为满足旅游消费需求，当地农牧户更加倾向于养殖出栏周期短、产肉率高的肉羊品种。截至2021年，乌鲁木齐县的细毛羊全部集中于南山种羊场，其他养殖户全部转产养殖肉羊或者当地土种羊。

（四）调研地区细羊毛产量整体呈下降趋势

受细毛羊存栏数量变化的影响，2021年调研地区的细羊毛总产量呈下降态势，2021年调研地区细羊毛总产量1 813.95吨，比2020年减少了85.60吨，降幅为4.51%。与去年相比，敖汉旗细羊毛产量呈上升趋势，克什克腾旗、奇台县和乌鲁木齐县的细羊毛产量均呈现下降趋势。从具体数据来看，2021年敖汉旗细羊毛产量为33.80吨，与2020年相比增加了0.65吨，增幅为1.96%。敖汉旗细羊毛产量增幅远低于细毛羊存栏量增幅，主要原因为2021年敖汉旗新增的多胎型敖汉细毛羊与超细型敖汉细毛羊相比，所产细羊毛的细度、长度、净毛率均没有区别，但羊毛单产仅为超细型敖汉细毛羊的90%。2021年克什克腾旗、奇台县和乌鲁木齐县细羊毛产量分别为1 400.90吨、378.00吨、1.25吨，与2020年相比分别减少了43.00吨、42.00吨、1.25吨，降幅分别为2.98%、10.00%和50.00%（表2-1-3）。

表2-1-3　2020—2021年各调研地区细羊毛产量变化情况

单位：吨，%

调研地区	2020年	2021年	变化率
敖汉旗	33.15	33.80	1.96
克什克腾旗	1 443.90	1 400.90	−2.98
奇台县	420.00	378.00	−10.00
乌鲁木齐县	2.50	1.25	−50.00
合计	1 899.55	1 813.95	−4.51

注：各调研地区剪羊毛时间集中在4—6月，销售时间集中在5—7月，其羊毛产量数据为实际生产数据。

数据来源：当地农牧局统计资料和访谈记录。

（五）内蒙古调研地区细羊毛价格较去年回升，新疆调研地区细羊毛价格同比下降

2021年，各调研地区细羊毛销售价格变化趋势有所不同。具体来看，敖汉旗和克什克腾旗的细羊毛平均价格分别为20元/千克和15元/千克，2020年两地区细羊毛价格分别为18元/千克和14元/千克，同比增幅分别为11.11%、7.14%；2021年奇台县和乌鲁木齐县的细羊毛平均价格分别为13元/千克和23元/千克，2020年两地区细羊毛价格分别为18元/千克和24元/千克，同比降幅分别为27.78%和4.17%（表2-1-4）。

2020年，受新冠肺炎疫情和中美贸易摩擦等因素影响，敖汉旗和克什克腾旗的细羊毛价格大幅下降，2021年随着新冠肺炎疫情基本得到控制，国内外市场对羊毛及其制品的需求逐步恢复，细羊毛价格较2020年有所回升。从国内来看，2020年下半年新冠肺炎疫情得到控制之后，国内服装消费市场开始恢复，2021年1—11月实体商店服装鞋帽类商品零售总额同比增长14.9%，穿类商品网上零售额同比增长11.1%，实体与网络服装零售两年平均增速持续较快增长。从国际市场来看，2021年国际毛纺消费市场从二季度起开始稳步恢复，引致生产厂商对毛条纱线等原材料需求逐步恢复。据中国海关总署最新数据显示，1—11月我国毛条累计出口量为2.06万吨，同比减少0.61%，以美元计出口额为2.81亿美元，同比增加3.22%。毛条主要出口国意大利、德国和韩国出口量分别上涨9.72%、0.65%和14.61%。

表2-1-4　2020—2021年各调研地区细羊毛平均价格变化情况

单位：元/千克,%

调研地区	2020年	2021年	变化率
敖汉旗	18	20	11.11
克什克腾旗	14	15	7.14
奇台县	18	13	−27.78
乌鲁木齐县	24	23	−4.17

数据来源：当地农牧局统计资料和访谈记录。

2021年乌鲁木齐县细羊毛价格同比下降主要是因为今年南山种羊场出售

羊毛采用污毛计价。此前，南山种羊场对核心群的羊毛进行分级整理，统一将羊毛分为70支和80支两类进行出售，2021年只对羊毛进行打包整理，没有进行分级，因此羊毛价格较去年有小幅下降。

2021年奇台县细羊毛价格同比下降是多因素所致。首先，在肉羊较高的收益和奇台县政府主推肉羊品种的政策引导下，2020年以来大量农牧户引进杜泊、萨福克、澳洲白等肉羊品种与细毛羊进行经济性杂交，杂交后代产肉率、产羔率和生长速度均高于细毛羊，但生产性能和羊毛品质明显下降，羊毛收购价格随之下降。其次，2020年受新冠肺炎疫情影响，新疆细羊毛销售渠道受阻，羊毛收购商和农牧户均有大量细羊毛积压，对2021年的细羊毛收购价格有负向影响。

（六）各调研地区细毛羊养殖效益存在一定差异

细毛羊养殖效益直接影响着养殖户的生产和生活，是细毛羊养殖的直接驱动因素。细毛羊养殖纯收益是指一个养殖周期（通常为一年）的养殖总收益减去养殖过程中投入的现金、实物、劳动力和土地等全部生产要素成本的余额，反映细毛羊养殖过程中消耗的全部资源的净回报。调研资料显示，各调研县细毛羊养殖效益存在一定差异，具体从养殖总收益、养殖总成本、养殖纯收益和成本收益率四个方面进行分析（表2-1-5）。

从养殖总收益及其构成情况来看，农牧户细毛羊养殖总收益由细羊毛产值、出栏羊收入和其他副产品产值组成。2021年细毛羊养殖户平均养殖总收入为1 371.29元/只，其中，细羊毛产值为44.98元/只，仅占养殖总收益的3.28%；而出栏羊收入为1 324.40元/只，占养殖总收益的比例高达96.58%，是细毛羊养殖收益的最重要组成部分；其他副产品产值为1.91元/只，占养殖总收益的0.14%。由于各调研县养殖环境、养殖品种以及细羊毛及出栏羊销售途径等不尽相同，导致各调研县细毛羊养殖总收益存在一定差异。其中，敖汉旗、克什克腾旗和奇台县农牧户细毛羊养殖平均总收益分别为1 341.12元/只、1 300.84元/只和1 469.37元/只。奇台县细毛羊养殖平均总收益较高主要是由于出栏羊收入较高引起。奇台县出栏羊平均活重为41.24千克，而敖汉旗和克什克腾旗出栏羊平均活重分别为39.40千克和35.92千克，较高的出栏活重使出栏羊收入增加，从而导致奇台县细毛羊养殖平均总收益明显高于其他地区。

表 2－1－5　2021 年调研地区农牧户细毛羊养殖收益和成本情况

项目	样本总体	敖汉旗	克什克腾旗	奇台县
养殖收益合计（元/只）	1 371.29	1 341.12	1 300.84	1 469.37
细羊毛产值（元/只）	44.98	55.48	37.31	42.25
细羊毛产量（千克/只）	3.31	3.88	2.65	3.41
细羊毛价格（元/千克）	13.59	14.30	14.08	12.39
出栏羊销售收入（元/只）	1 324.40	1 284.83	1 262.95	1 422.78
出栏羊平均活重（千克/只）	38.85	39.40	35.92	41.24
出栏羊平均价格（元/千克）	34.09	32.61	35.16	34.5
其他副产品产值（元/只）	1.91	0.80	0.58	4.34
养殖成本合计（元/只）	781.22	785.97	724.19	833.52
幼畜购进费（羔羊折价）	408.77	425.28	402.89	398.13
精饲料费	194.38	193.84	168.76	220.55
饲草费	69.38	60.46	70.18	77.50
饲盐费	5.61	3.92	4.65	8.27
医疗防疫费	4.14	2.63	3.85	5.95
雇工费	15.53	12.94	18.71	14.95
水电燃料费	7.63	6.85	4.34	11.71
死亡损失费分摊	20.48	20.32	18.32	22.79
草场租赁费	9.45	19.64	5.96	2.74
修理维护费	8.76	5.02	4.4	16.87
固定资产折旧	33.57	33.19	21.6	45.91
其他费用	3.52	1.88	0.53	8.15
养殖纯收益（元/只）	590.07	555.15	576.65	635.85
成本利润率（%）	75.53	70.63	79.63	76.28

数据来源：根据 2021 年产业经济研究团队赴内蒙古和新疆地区细毛羊农牧户调查问卷整理计算。

　　从养殖总成本及其构成情况来看，细毛羊养殖户平均养殖总成本为781.22 元/只，其中主要构成项目为幼畜购进费（羔羊折价）、精饲料费和饲草费，三者占养殖总成本的比例高达 86.09%，而其他成本合计仅占 13.91%。敖汉旗、克什克腾旗和奇台县农牧户细毛羊养殖平均总成本分别为 785.97 元/只、724.19 元/只和 833.52 元/只。奇台县细毛羊养殖平均总成本明显高于其他地区细毛羊养殖平均总成本，其主要原因是精饲料费和饲草费较高，奇台县从2018年开始农村土地集中流转承包，种植饲草料数量减少，细毛羊养殖饲草料需要大量外购补充，价格偏高。

从养殖纯收入和成本收益率来看，细毛羊养殖户平均养殖纯收益为590.07元/只，养殖细毛羊的平均成本利润率达到了75.53%。由于各地区在养殖总成本和总收益方面存在差异，导致养殖纯收益、成本收益率均存在一定差异，敖汉旗、克什克腾旗和奇台县农牧户细毛羊养殖纯收入分别为555.15元/只、576.65元/只和635.85元/只，成本利润率分别为70.63%、79.63%和76.28%。

（七）各调研地区组织发展水平不均衡，部分地区产业组织模式发展较为成熟

从调研情况看，各调研地区有效运行的细毛羊合作社数量均较少，但对社员细毛羊养殖有一定的带动作用，其中部分调研县产业组织发展情况较好，与养殖户建立了紧密的利益联结机制，对养殖户养殖细毛羊带动作用更强。

敖汉旗细毛羊合作社仅有1家，即成立于2018年的敖汉旗昭阳养殖业农民专业合作社（简称昭阳合作社）。该合作社由国家绒毛用羊产业技术体系内蒙古赤峰试验站发起成立，具有规范的章程，能够有效运作，主要为社员提供统一配种及相应的技术培训和指导，对社员及周边农牧户有一定的带动作用。农牧户养殖品种为敖汉细毛羊即可入社，入社费每户1万元，在加入合作社时一次性缴清并折算为股金，退社时全部归还，现有成员30户，带动配种、饲料供应、销售等环节就业人数达100人。2021年昭阳合作社与克什克腾旗草原金峰畜牧有限公司签订种羊销售合同，以高出市场价20%的价格收购社员的超细型敖汉细毛羊羔羊，当场签订合同并交付现金，由指定社员按照统一标准进行饲养管理，养殖到一定标准后出售给草原金峰畜牧有限公司做种羊，以此带动社员增收。

克什克腾旗草原金峰畜牧有限公司和好鲁库德美羊业有限公司均采用"公司＋基地＋养殖户"的形式发展养羊育种联合体。该运营模式为：公司与养殖户签订生产经营和产品回收合同，并为合作育种户提供种源、技术、饲料、资金、市场方面的保障和支持，在育种方案、生产标准、技术规范、检疫防疫、鉴定回收等方面实行统一管理。育种户严格按照公司生产技术规程进行种羊生

产，一个生产周期结束，合作育种户按合同缴售相关产品。公司通过上述方式与合作育种户建立可靠稳定的利益联结机制，带动养殖户养殖细毛羊。以草原金峰畜牧有限公司为例，该公司与养殖户签订一年期细毛羊生产经营和产品回收合同，养殖户承包公司细毛羊羔羊，并按照公司规定养殖细毛羊，公司为养殖户提供技术指导、疫病防疫和剪毛等服务，并按市场价统一收购养殖户的细羊毛，在承包时活羊体重的基础上，按照每增重 1 千克 20 元[①]的价格向养殖户支付饲养费用回收细毛羊。在此模式下，养殖户养殖收益有保障，面临的市场风险较小，可以获得较好的养殖服务，具有较高的养殖积极性。

奇台县从 2013 年开始积极推动草畜联营合作社建设，将其作为加快推进草原畜牧业转型升级的重要突破口。为了鼓励草畜联营合作社健康发展，县财政给予每家新成立的合作社 5 万元启动资金，并配套一台 TMR 饲料搅拌机，截至 2020 年年底，奇台县已成立草畜联营合作社 38 家。草畜联营合作社的运营模式可归纳为"两转三权四统五原则一分配"，即传统畜牧业向现代畜牧业转型、农牧民向其他产业转移；以牧区草场管护使用权、牲畜生产经营权、设施使用权作为资本入股/社；实行统一放牧、统一防疫、统一改良、统一销售；坚持政府引导、群众自愿原则，自主经营、自负盈亏原则，因地制宜、形式多样原则，以草定畜、草畜平衡原则，草地承包经营权和草地政策性补偿补助对象不变原则；按资/量固定分红/物。该模式下，养殖户以牲畜、草场和养殖设施或资金入股合作社，合作社实行"四统一"管理，年底按照入股比例统一分红。草畜联营新机制通过将分散的小规模养殖户整合为合作社统一养殖，一方面实现集约化经营、规模化养殖和园区化生产，便于进行合理的资源配置；另一方面将农牧民草场入股统一管理，便于落实禁牧、休牧、草畜平衡措施，有利于恢复天然草原植被，提高生产力。

乌鲁木齐县南山种羊场采用"种羊场＋基地＋农牧户"的模式带动农牧户养殖细毛羊。该场在 2000 年按照新疆维吾尔自治区畜牧厅关于《加快厅直属国有牧场改革意见》的要求对种羊场进行全面改革，羊只作价归户，草场承包到户，承包期限为 30 年，建立了符合社会主义市场经济要求的企业运行机制。草畜双承包责任制下，农牧户自主经营自负盈亏，承包期内农牧户需按最初分配的细毛羊数量以 15 元/(只·年)缴纳承包费用，种羊场为农牧户提供统一

---

① 18元/千克为 2021 年的饲养费用。

防疫、统一药浴、统一剪毛等服务,带动农牧户养殖细毛羊。

(八)工牧直交方式有所发展,但2021年调研地区羊毛销售渠道均为商贩收购

近年来,我国细羊毛工牧直交交易方式有所发展,但由于目前我国细毛羊养殖仍是以家庭为主的分散经营,商贩收购仍然是当前最主要的羊毛交易方式。敖汉旗、克什克腾旗、奇台县及乌鲁木齐县的细羊毛全部为商贩收购,羊毛商贩一般采取上门收购或定点收购方式,羊毛收购价格由买卖双方协商确定,按照污毛计价,以一次性现金交易为主。其中,克什克腾旗在2019年之前通过金峰畜牧有限公司采用工牧直交的方式销售细羊毛,每年草原金峰畜牧有限公司统一回收与公司签订合同的养殖户的细羊毛,并将羊毛简单分类,各地毛纺企业通过电话、网络等方式报价,按照市场竞价原则将羊毛统一销售给报价最高的毛纺企业,并签订正式的书面销售合同,在合同中对交易价格、数量等进行约定,通过该途径销售的细羊毛占全旗细羊毛销售量的50%。但是2020年和2021年,由于细羊毛价格较低,当地农牧户普遍存在"惜售"情况,草原金峰牧业有限公司不再开展细羊毛销售业务,全旗的细羊毛全部通过商贩出售。

(九)各调研地区细毛羊产业扶持政策存在一定差异

各调研地区均位于我国草原牧区省份,对畜牧养殖业都比较重视,均执行了国家制定的关于促进草原畜牧业发展的相关扶持政策,如畜牧机械购置补贴政策、动物防疫补贴政策以及包括禁牧补助、草畜平衡奖励等在内的草原生态保护补助奖励政策,个别地区还针对细毛羊出台了种用公羊补贴、人工授精补贴、能繁母羊补贴、保险保费补贴等政策。

内蒙古敖汉旗和克什克腾旗的农牧户一直以从事养羊业为主,养羊收入是当地农牧民重要收入来源,当地政府也较为重视细毛羊产业发展,在畜牧机械购置、动物防疫、草原生态保护补助奖励等方面均有相关的扶持政策。在畜牧机械购置补贴方面,中央财政按照农机具价格的30%进行补贴,针对大型畜牧机械自治区财政再补贴20%。在动物防疫补贴政策方面,两旗对布鲁氏菌病、小反刍兽疫、口蹄疫等强制免疫项目的疫苗及注射全部免费,羊痘、三联四防疫苗等虽不属于强制免疫,但是防疫也全部免费。在草原生态保护补助奖

励政策方面，内蒙古赤峰市按照旗县区标准亩系数分配草原生态补奖资金，敖汉旗标准亩系数为 1.22，禁牧补助标准为 9.15 元/亩，草畜平衡奖励标准为 3.05 元/亩；克什克腾旗标准亩系数为 1.33，禁牧补助标准为 9.975 元/亩，草畜平衡奖励标准为 3.325 元/亩。在种用公羊良种补贴方面，2017 年之后中央财政补助资金按大专项整体切块下达到自治区，各县（旗）通过申报畜牧良种项目方式获批农业生产发展资金，且根据农业生产实际情况，在补贴标准、补贴畜种等方面均有所差异。敖汉旗对养殖户购买的优质种用公羊给予 800 元/只补贴，但是并未将敖汉细毛羊纳入良种补贴名录。克什克腾旗将昭乌达肉羊纳入了良种补贴名录，种用公羊补贴具体又分为两类：一类是实施双补，即每只种用公羊售价 2 400 元，政府补贴 1 600 元，农牧户自付 800 元；另一类是单补，即每只种用公羊售价 2 400 元，政府补贴 800 元，农牧户自付 1 600元。两类补贴方式同时实施，旗政府根据各个乡镇（或各苏木）的种用公羊数量分批次、分类别补贴，2020 年获得双补和单补的昭乌达种用公羊各占 50%。在人工授精补贴方面，敖汉旗只对肉羊人工授精进行补贴，对细毛羊不进行补贴；克什克腾旗按照《实施乡村振兴战略推动农村牧区经济高质量发展实施方案（2019—2020）》对采取人工授精的基础母羊补贴 30 元/只，2020 年共补贴基础母羊 10 万只。粮改饲补贴方面，2020 年开始，敖汉旗取消粮改饲补贴试点，而克什克腾旗的粮改饲补贴不再针对种植青贮的农户，全部补贴给使用青贮的农牧户，农牧户在养殖过程中每使用 1 吨青贮，可获得补贴 50 元。

奇台县和乌鲁木齐县也较为重视细毛羊产业发展，在畜牧机械购置、动物防疫、草原生态保护补助奖励、种用公羊和能繁母羊养殖方面均有相关的扶持政策。在畜牧机械购置补贴方面，两县均按照《新疆维吾尔自治区 2021—2023 年农业机械购置补贴实施方案》，由中央财政按照农机具价格的 30% 进行补贴。在动物防疫补贴政策方面，奇台县和乌鲁木齐县对布鲁氏菌病、小反刍兽疫、口蹄疫等强制免疫项目的疫苗及注射全部免费，羊痘、三联四防疫苗等不属于强制免疫，免疫时收取技术服务费用 1.5 元/（只·次）。在草原生态保护补助奖励方面，奇台县和乌鲁木齐县一般性禁牧补助标准为 6 元/亩，草畜平衡区为 2.5 元/亩，水源涵养区为 50 元/亩。在良种繁育扶持方面，为提高细毛羊养殖良种化程度，2017 年至今奇台县和乌鲁木齐县通过中央财政农业生产发展资金实施良种推广项目，对农牧户购买的优质种用公羊补贴 2 000 元/只。此外，奇台县从 2020 年开始，对从昌吉州外引进的优质德美基础母羊也给予500元/只的补贴。粮改饲补贴方面，奇台县对农牧户制作青贮进行补贴，补贴标准为0.2元/千克；乌鲁木齐县没有粮改饲补贴试点。棚圈建设补贴方面，2020年起奇台县积极引导利用空置牛羊圈舍进行标准化改造再利用，与农户签订3—5年利用协议，养殖存栏达到800只母羊以上，育肥出栏肉羊2 000只以上，第二年开始补助10万元，连续补助3年；对新建100米^{2}暖圈、养殖母羊60只以上的养殖户每棚补助0.8万元。除以上扶持政策之外，奇台县自2006年开始为农牧户免费提供人工授精服务；2021年奇台县政府牵线搭桥农商银行对养殖户提供贴息贷款，标准为2厘。乌鲁木齐市则实施了畜牧业政策性保险，每只能繁母羊保费为120元，地方财政负担95％，种羊场自费5％。奇台县有间断地实施过细毛羊政策性保险，但是由于覆盖面有效、虚假投保、理赔额度低于物化成本等原因挫伤农牧户投保积极性，实施一段时间后已取消。

二、细毛羊产业发展存在的问题

（一）细毛羊"肉用性能改良"或"转产"现象普遍，整体养殖形势不容乐观

从调研情况看，由于各国防控新冠疫情采取的隔离检疫、边境封锁、社交隔离等措施，致使物流运输成本增加、材料和劳动力短缺以及生产消费下行等问题凸显，中国羊毛制品市场流通渠道受阻、生产企业订单骤降及去库存压力显著增大等问题依然严峻。调研地区细羊毛价格尽管有所恢复但依然在极低的价格水平徘徊，而同期活羊销售价格受进口陡降、国内消费需求持续增加的影响，市场价格持续高位运行拉动生产，农牧户养殖细毛羊的积极性显著下降，养殖肉毛兼用型杂交改良品种或转产肉羊或肉牛品种意愿增强，调研地区细毛羊整体养殖形势不容乐观。从调研访谈资料看，克什克腾旗、奇台县和乌鲁木齐县养殖规模均呈显著下降趋势。其中克什克腾旗细毛羊养殖规模下降主要是受高产型肉羊、肉牛叠加冲击的影响，调研数据显示，2021年细羊毛与羊肉市场比价约为1:4，按出栏口径核算的细毛羊与肉牛养殖效益比值约为1:2，相对比较效益的差异性使农牧户更倾向于养殖克什克腾旗串子羊[①]或转产养殖

---

① 即乌珠穆沁羊与杜泊羊的二元杂交品种，或乌珠穆沁羊与杜泊羊、小尾寒羊的三元杂交品种。

肉牛，且杂交羊后代既保留了乌珠穆沁羊适宜粗饲、耐寒抗病能力强、生长发育较快等特性，又提高了产羔率和产肉率。受养殖成本上涨、土地流转、肉羊冲击等因素影响，奇台县细毛羊养殖规模呈波动下降趋势。以自然村或村大队为单位的农户土地流转方式打破了自给自足的种草养畜模式，外购饲草料进一步提升养殖成本，且在地方政府主推肉羊品种的政策引导下，农牧户直接转产养殖杜泊、萨福克、澳洲白等肉羊品种或引种进行经济性杂交，杂交后代产肉率、产羔率和生长速度均高于细毛羊，但细毛羊生产性能和羊毛品质下降明显。草原载畜量和环境保护压力的限制、区域旅游拉动效应及肉羊产业冲击是乌鲁木齐县细毛羊养殖规模下降的主要原因。乌鲁木齐县有大面积草场为二级水源保护区域，环保举措严格且资源约束较强，该县通过优质旅游资源开发赋能传统畜牧业，多数农牧户转产出栏周期短、产肉率高的肉羊品种以满足旅游需求，导致细毛羊养殖规模显著下降。2021年敖汉旗细毛羊养殖规模稳中有增主要得益于多胎型敖汉细毛羊的成功培育及推广，而从较长的时间尺度来看，敖汉细毛羊养殖规模持续下降且95%集中在敖汉种羊场及其周边乡镇，该县其他乡镇的农牧户受比较效益的驱使，直接转产养殖肉羊经济杂交品种，基本放弃了细毛羊养殖。从总体来看，我国细毛羊主产区的农牧户养殖积极性下降，细毛羊"肉用性能改良"或"转产"现象普遍，整体养殖形势不容乐观。

（二）农牧户科学养殖管理水平偏低，实用养殖技术亟待提高

目前，各调研地区细毛羊养殖总体上仍以农牧户小规模分散养殖为主，适度规模的标准化水平偏低，养殖管理仍以全放牧或半舍饲为主，部分地区低水平规模饲养带来的环境污染、质量安全和疾病防控等方面的问题日趋严重。农牧户老龄化趋势明显，受教育程度偏低，养殖管理水平较为落后，实用养殖技术亟待提高。

在养殖设施方面，调研地区的规模养殖场、养殖小区、专业合作社及部分农牧户依靠各类项目资金修建了面积不等的暖棚圈舍、青贮窖、贮草棚和食槽水槽等养殖设施，仅仅能够保障基本生产需求。在农户层面，冬春舍饲棚圈以彩钢或砖石结构为主，大多未实现人畜分离，存在安全隐患。夏秋放牧期间的圈舍以露天围栏结构为主，占地面积较小，设施简单，保暖、贮草、防疫及粪污处理等设施严重不足，农牧户抵御自然灾害的能力较弱。在村级层面，由于土地流转、置换等导致集中性养羊用地不足，养殖场地建设标准偏低，基础设

施简陋且粪污处理困难，可能会引发环境污染、资源浪费和疫病爆发等问题。

在养殖机械使用方面，调研地区大型成套机具的应用主要集中在规模养殖场和畜牧企业养殖基地，普通农牧户则以小型机具为主。铡草机、饲料（草）粉碎机、小型拖拉机等饲料（草）加工机械普及率相对较高；机械剪毛机、打包机、剪毛台和剪毛房（棚）等畜产品采集加工机械普及率相对较低；青贮切碎机、饲料混合机、饲料制备（搅拌）机、喂料机、清粪机等部分功率大、购置成本较高或使用频率偏低的机械设备普及率最低，采购主体是国有牧场、规模养殖场、养殖合作社、家庭牧场等，农牧户一般采用外购或租赁加工方式获取服务。

在养殖技术方面，实用养殖技术普及率偏低。在技术推广及培训方面，虽然调研地区畜牧主管部门通过集中授课、入户指导、现场观摩等方式进行技术培训，但是受农牧户自身文化水平低、思想消极保守、语言交流障碍、培训时间及方式等因素影响，培训效果不佳。64.71%的受访农牧户表示自己从未参加过细毛羊养殖技术或管理方面的培训，而参与相关培训的农牧户对各类养殖技术的掌握情况参差不齐，被动学习居多，其长期形成的传统观念短期内难以转变，对饲草加工制作、精准饲喂、"穿羊衣"、机械剪毛、分级打包、羊舍清洁与消毒、病死羊无害化处理等养殖技术的需求意愿和采用率均偏低，只能满足细毛羊养殖的基本生产管理需求。在饲草料喂养和使用方面，多数农牧户根据养殖经验进行饲喂，放牧期间完全依靠羊只自由采食，舍饲期间配制比例、饲喂量、饲喂时间等随意性较大，饲草料浪费较为严重。在"穿羊衣"技术方面，受放牧环境、安全隐患和技术经济效益等因素影响，多数农牧户使用该技术的积极性不高，目前调研地区均未采用"穿羊衣"技术。在剪毛方面，调研地区普通农牧户以手工剪毛为主，规模场、种羊场及养殖大户等机械剪毛普及率较高，以专业、临时剪毛队提供的社会化服务为主，羊毛一般不分级或仅进行简单分级，剔除边肷毛、头蹄毛和粪毛等。在疾病防控方面，对布鲁氏菌病、小反刍兽疫、口蹄疫、棘球蚴病等强制免疫和计划免疫的疾病防控效果较好，但是传染性胸膜肺炎、呼吸道细菌病危害仍较为严重，基层动物防疫部门存在冷藏设备不足、人员缺乏、知识更新缓慢等问题，农牧户仍然有滥用广谱抗生素药物现象。在羊舍清洁与消毒方面，农牧户一般在转场、接羔等时期对圈舍进行清理，以喷雾、撒石灰等较为简单的消毒方式为主。在病死羊处理方面，农牧户一般采用焚烧、深埋等方式处理，只有少数规模养殖场、养殖小区及养殖规模较大的村落集中修建了无害化处理设施。

（三）细毛羊养殖面临的资源环境约束和管控日益增强

近年来，随着草原保护修复重大工程项目和政策深入实施，我国草原生态环境持续恶化的势头得到明显遏制，但是部分区域畜牧业超载过牧、粗放经营、无序垦荒以及自然灾害频繁等问题依然存在，并威胁国家生态安全、牧区畜牧业可持续发展和牧民脱贫增收。基于此，国家相继出台《关于加强草原保护修复的若干意见》《"十四五"林业草原保护发展规划纲要》和《第三轮草原生态保护补助奖励政策实施指导意见》等规范性文件，构建林草一体化，推行基本草原保护制度、禁牧休牧、划区轮牧和草畜平衡等保护措施，加快推进草原生态修复和提高草原资源的科学利用水平。内蒙古、新疆等草原牧区亦出台相应的实施方案，根据草原类型和等级科学核算草原载畜量，完善草原承包和流转制度，推广舍饲养殖技术和人工饲草料基地建设，保障草原退牧农牧户顺利实现养殖方式转型。随着上述政策的持续推进，细毛羊养殖面临的约束和管控日益增强，农牧户放牧用地和养殖规模普遍受到限制。

在调研地区中，地方政府一般都规定了载畜量、休牧期、禁牧区和草畜平衡区域等，草原站和草原监理所对辖区内草原进行日常巡查和监督检查，并对超载放牧、偷牧、盗牧等行为依法处罚。调研资料显示，《赤峰市禁牧休牧和草畜平衡条例》自 2018 年 7 月 1 日起施行，在草原禁牧区、休牧期放牧，处以每个羊单位 30 元的罚款；在草畜平衡区域内超载放牧，责令整改但逾期未改正，处以每个超载羊单位 100 元的罚款；对于破坏、盗窃、擅自移动禁牧休牧标志及损坏围封设施者限期恢复原状，并处以实际损失 1 倍以上 3 倍以下的罚款。敖汉种羊场每年出台年度育种管理办法，对核心群和育种群收取 1 万元/群的草场使用基金，次年验收如未超载则全部返还同等数额补贴，否则按照超载基础母羊收取 40 元/只的草场使用费，从补贴中扣除，超载牲畜超过补贴金额时，取消该户养羊资格，将草牧场分配给其他养羊户，围封个人出资部分不予退还。《克什克腾旗国家草原生态保护补助奖励机制管理办法》自 2018 年 8 月 22 日实施，禁牧区实行全年禁牧，草畜平衡区实行季节性休牧制度（每年的 4 月 1 日至 6 月 15 日禁牧），对履行封育禁牧和草畜平衡政策的农牧户，按承包经营草原面积发放补助奖励，禁牧补助每年 9.975 元/亩、草畜平衡奖励每年 3.325 元/亩，对违反封育禁牧制度累计 1 次、2 次、3 次和 4 次的农牧户，分别给予警告并登记备案、核减 30% 补奖资金、核减 60% 补奖资金和核减全部补奖资金的处罚，并加大对偷牧、滥牧、抢牧、超载放牧等违规行为的查处力度。调研资料显示，新疆出台《新一轮草原生态保护补助奖励政策实施指导意见（2016—2020年）》和《新疆维吾尔自治区草原禁牧和草畜平衡监督管理办法》等规范性文件，建立草畜平衡卡制度，制定统一的转场时间和各季节草场利用期限，对农牧户的超载放牧和减畜计划进行监督，对违规农牧户按照有关法律法规予以处罚。奇台县全县草原面积884.4万亩，其中草畜平衡面积574.4万亩，每亩地享受2.5元补贴，禁牧面积300万亩，每亩地补奖6元，江布拉克10万亩水源涵养区每亩地享受50元草原生态补奖，每年草原生态补奖金3 752万元。按照《奇台县落实第二轮草原生态保护补助奖励机制实施方案》要求，该县乡镇人民政府与农牧户签订禁牧及草畜平衡责任书，将是否违规作为发放草原保护补奖资金的重要依据，由县草原监理机构对违规的草原使用者或承包经营者给予处罚。乌鲁木齐县根据《乌鲁木齐市落实草原生态保护补助奖励机制方案（2016—2020年）》《乌鲁木齐市2019—2020年实施农牧民补助奖励政策实施方案》等规范性文件，加强了天然草原放牧牲畜的核查工作，严格按照标准核减超载牲畜，对超载农牧户依法予以处罚。上述政策对农牧户细毛羊养殖规模起到了显著的约束作用。因此，草原牧区主要通过禁牧封育、补播改良、"三化"草原治理、人工饲草料地建设和舍饲棚圈建设等措施，减少天然草场的细毛羊养殖数量，以实现草原生态自我修复和草畜平衡。因此，细毛羊养殖面临的资源环境约束和管控日益增强，农牧户不得不缩减养殖规模，细毛羊养殖规模仍有进一步下滑的风险。

（四）良种补贴政策覆盖范围小、补贴标准低、政策稳定性较差

在细毛羊养殖过程中，种用公羊、基础母羊的生产性能会在很大程度上影响后代的生产性能，如羊毛单产、羊毛细度、繁殖率等。因此，对优质种羊实施良种补贴政策，提高农牧户养殖细毛羊的良种化率，对于实现细毛羊产业的可持续发展具有非常重要的现实意义。我国从2009年将绵羊纳入畜牧良种补贴范围，在全国19个省（区）对项目区内存栏能繁母羊30只以上的养殖户购买种用公羊给予800元/只的补贴。但是2017年国家对畜牧良种补贴政策进行了调整，在《关于做好2017年中央财政农业生产发展等项目实施工作的通知》中提出将畜禽良种推广纳入农业生产发展资金项目实施方案，在内蒙古、四川、云南、西藏、甘肃、青海、宁夏、新疆等8省（区）实施良种补贴政策，

对项目区内存栏能繁母羊 30 只以上的养殖户进行适当补助，支持牧区畜牧良种推广。同时推行财政支农专项转移支付方式划拨资金，实行"大专项＋任务清单"管理方式，由省市（县）农业、财政部门因地制宜地确定补助对象、标准和方式。根据《关于做好 2021 年农业生产发展等项目实施工作的通知》，2021 年依然按照上述政策划拨资金。

调研资料显示，调研地区在 2017 年及之前均享受国家畜牧良种补贴政策，2017 年之后中央财政补助资金按大专项整体切块下达到省，各县（市）通过申报畜牧良种项目方式获批农业生产发展资金，各地区根据农业生产实际情况，在补贴标准、补贴畜种等方面均有所差异。从整体来看，多数调研地区良种补贴标准偏低，政策的稳定性较差，不同年度均存在一定差异。敖汉种羊场每年出台年度育种管理办法，确定当年的种畜补贴标准。2018—2019 年对达到品系标准或满膘的种用公羊补贴 1 700 元/只。育种分场核心群基础母羊按品系获得差异化补贴，其中多胎型基础母羊补贴 120 元/只（以繁殖成活率达到 160% 计算，每只羔羊补 50 元，每多活 1 只羔羊补贴 100 元，否则减少补贴 50 元），多胎后备母羊补贴 200 元/只，超细型基础母羊补贴 240 元/只。保种分场多胎型基础母羊补贴 80 元/只（以繁殖成活率达到 160% 计算，每只羔羊补 50 元，每多活 1 只羔羊补贴 100 元），育成母羊补贴 200 元/只，超细型基础母羊补贴 150 元/只。育种群多胎型育成母羊补贴 100 元/只，超细型基础母羊分 3 类给予补贴，第一类补贴 50 元/只，第二类补贴 35 元/只，第三类补贴 20 元/只，末位户不享受补贴。2019—2020 年度种羊场补贴政策有所调整，种用公羊、育种分场多胎型基础母羊补贴标准不变，取消育种分场超细型基础母羊、保种场多胎型基础母羊和育成母羊补贴，保种分场超细型基础母羊补贴调整为 200 元/只，育种群基础母羊补贴调整为 200 元/只。克什克腾旗将昭乌达肉羊纳入了良种补贴名录，按照双补和单补方式对农牧户购买优质种用公羊分别给予 1 600 元/只和 800 元/只的补贴，两类补贴各占 50%，农牧户需要自付资金比例分别是 33.33% 和 66.67%，补贴标准偏低。奇台县重视德国美利奴羊产业发展，通过中央财政农业生产发展资金实施良种羊引进扩增项目，对种用公羊、基础母羊及良种繁育技术均有不同额度补贴，但是补贴政策缺乏稳定性，部分年份没有补贴或对不同畜种的补贴标准差异显著，导致农牧户政策预期下降。对从新疆引进优质德美羊种用公羊补贴 2 000 元/只（其中自治州财政补贴 1 500 元，地方财政补贴 500 元），以 2021 年种用公羊市场价格

4 300 元为基准，农牧户自付 2 300 元，自付资金比例高达 53.49％，县市认定的优质种用公羊由自治州给予财政补贴 500 元/只，州级以上种畜禽场纯繁新增种用公羊补贴 300 元/只，疆外引进优质能繁母羊补贴 500 元/只，同时对州级以上种羊场实施胚胎移植技术补贴，见羔补助 1 000 元/只。乌鲁木齐县仅对疆外引入优质种用公羊给予 2 000 元/只补贴。

从总体来看，良种补贴政策覆盖范围缩小，补贴标准偏低且政策稳定性较差。良种补贴政策实施项目区从原来的 19 个减少到 8 个，覆盖范围显著缩小，以德国美利奴羊、昭乌达肉羊等优良细毛羊品种的市场销售价格约 2 400～4 300元/只，目前800～2 000 元/只的补贴标准显著偏低，不能有效带动农牧户购买积极性，可能导致优良地方品种的退化和生产性能下降。

（五）细毛羊养殖合作经济组织与产业链脱节，示范带动作用有限

农业合作经济组织有利于提高农牧民进入市场的组织化程度和畜牧业产业化经营水平，但从调研情况看，大部分调研地区细毛羊养殖合作组织数量较少且运作不规范，其提供的核心业务与细毛羊产业链脱节，示范带动作用有限。具体来看，敖汉旗涉及细毛羊养殖的专业合作社只有 1 家，主要提供品种改良、销售、技术培训、采购原材料等常规服务；克什克腾旗细毛羊合作组织以肉羊为主，细毛羊养殖专业合作社约 20 多家，而运作较为规范的仅 1 家；奇台县德美羊合作社 26 家，多是为获取融资、贷款、补助资金或征地便利成立的"空壳合作社"；而乌鲁木齐县则没有细毛羊养殖专业合作社。

从整体来看，调研地区细毛羊养殖专业合作组织数量少、运作不规范，经营活动单一，无法与细毛羊产业链的生产、仓储、加工、物流、产销一体等环节形成有效对接，示范带动作用有限。目前主要存在如下问题：一是缺乏健全的管理体制和运行机制，细毛羊养殖协会在民政部门注册，而合作经济组织在工商部门注册，部门间缺乏沟通协调机制，存在多头治理和管理盲区问题。以大户主导、资本主导或村干部代理为主要类型的"空壳合作社"，成立初衷是为了获取项目、资金及税收或用地优惠，内部组织结构松散，缺乏完善的会计制度、民主管理制度、利益分配制度、小农利益保护机制等，难以避免合作组织被大户、企业或资本俘获而背离了合作组织的本质。二是组织化程度偏低，合作层次不高。目前细毛羊合作组织多以技术服务、信息服务、生产资料供应、产品回收等初级合作内容为主，缺乏仓储、加工、运输等服务功能，与细

毛羊产业链不能形成有效对接，抑制了合作组织从单打独斗到全产业链的转型。三是资金短缺，发展后劲不足，多数合作经济组织融资渠道狭窄，资金积累能力有限，缺乏必要的基础建设和运行经费，抵御市场风险能力较弱。四是经营管理人才缺乏，合作社管理人员受教育程度偏低，市场经济意识淡薄，尤其缺乏市场营销、财务核算和企业管理方面的专业人才。此外，多数地方政府没有采取有效措施引导合作社向规范、有效的运行方向发展。

（六）细羊毛销售渠道仍以商贩收购为主，"优毛优价"机制尚未全面建立

从调研情况看，细羊毛销售渠道仍以商贩收购为主，部分地区"工牧直交"的方式有所发展，但是"优毛优价"机制尚未全面建立。目前敖汉旗、克什克腾旗、奇台县和乌鲁木齐县的细羊毛全部通过商贩上门收购方式销售，羊毛未进行分级整理，采用污毛计价，一次性现金交易为主。其中克什克腾旗2019年之前通过金峰畜牧有限公司采用工牧直交方式销售细羊毛，对羊毛按标准进行分级或简单分级后销售给毛纺加工企业，其羊毛平均销售价格略高于周边农牧户5～8元/千克，实现了细羊毛的"优质优价"，近两年细羊毛价格一直在较低价格水平徘徊，草原金峰牧业有限公司不再开展细羊毛销售业务。乌鲁木齐县采用商贩上门收购方式销售羊毛，农牧户均采用机械剪毛技术，羊毛主体支数为70支，净毛率高达68％，因其羊毛质量较好，细羊毛销售价格略高于种羊场周边的农牧户，但其羊毛价格形成机制与普通农牧户并无本质区别。在传统商贩收购的细羊毛销售方式中，农牧户缺乏分级销售意识，一般直接将细羊毛混等混级销售给收购商贩，交易价格主要由农牧户和商贩讨价还价后确定，农牧户议价定价能力往往较弱，容易使自身经济利益遭受损失，无法实现"优毛优价"。

（七）政府对细毛羊产业的扶持政策缺乏系统性和稳定性

近年来，国家不断加大对畜牧业的扶持力度，畜禽良种补贴政策、畜牧业机械购置补贴政策、重大动物防疫补贴政策和主要畜种标准化规模养殖场（区）建设等已经成为常态化的持久性政策。从调研情况看，虽然调研地区均为细毛羊养殖主产区，但是多数地区的产业扶持政策为面对细毛羊、肉羊、肉牛等相关畜种的普惠性政策，诸如棚圈建设、品种改良、养殖机械、疾病防

控、金融保险等，与细毛羊相关的扶持政策尚未形成体系，多集中于生产环节，而加工、销售、流通等方面的扶持政策较少，不利于细毛羊产业价值链延伸和价值提升。同时，部分地区的产业扶持政策缺乏稳定性，导致农牧户对产业政策预期下降。具体来看，敖汉种羊场较为重视细毛羊的保种和扩繁发展，然而该场所在旗以多胎且养殖效益较好的肉羊为主导畜种，并没有专门针对细毛羊产业发展的系统扶持政策。克什克腾旗在国家畜牧业扶持政策框架内对细毛羊产业的资金投入较多，侧重品种改良与养殖设施建设领域，但补贴标准偏低，如种用公羊单补政策下，农牧户购买优质种畜自付资金比例高达66.67%。奇台县将细毛羊产业作为当地的主导产业，在国家畜牧业扶持政策框架内对细毛羊产业的资金投入较多，但是从产业角度出发，与细毛羊相关的扶持政策尚未形成体系，多集中于品种改良方面，而加工、销售、流通等方面扶持政策较少，不利于细毛羊产业的持续健康发展。乌鲁木齐县仅执行国家颁布的畜牧业相关扶持政策，并没有专门针对细毛羊产业的相关扶持政策。此外，调研地区对细毛羊产业的金融扶持力度较弱，贴息贷款、低息贷款及养殖保险保费补贴等金融扶持政策主要针对肉牛、奶牛等大畜，多数调研地区的细毛羊品种未纳入保险范围。一般农牧户只能通过五户联保、个人信用评级申请到5万~8万元的小额贷款，超额则利率偏高且需要抵押或担保，多数农牧户存在资金缺口。

三、促进细毛羊产业发展的政策建议

（一）完善细毛羊产业政策扶持体系，健全政策落实长效机制

调研资料显示，虽然多数调研地区除了执行现有国家相关扶持政策外，也在品种改良、棚圈建设、金融保险等方面出台了相应的扶持政策和发展规划，但是现阶段的扶持政策缺乏系统性与稳定性。建议进一步完善细毛羊产业政策扶持体系，健全政策落实长效机制。一方面，建议从现有的生态资源情况、产业发展现状及前景出发，重点在养殖、生产、加工、流通和外贸等环节构建完善的细毛羊产业政策扶持体系，明确各地区细毛羊主导品种的区域布局和发展方向，增强政策的可操作性。如在养殖环节，加强对细毛羊优良品种的选育和扩繁，促进农牧户使用优良品种和采用先进的养殖方式；在生产环节，推广"穿羊衣"、机械剪毛、分级整理、规格打包等细羊毛生产

采集现代化管理技术；在流通环节，在细毛羊主产区建立区域性羊毛交易市场，基于公证检验制度为农牧户和毛纺加工企业建立沟通渠道，形成"优毛优价"的销售机制；在外贸环节，推进羊毛制品的出口促进措施，建立羊毛预警信息机制等。另一方面，构建自上而下的政策绩效考评体系，健全细毛羊产业政策长效机制。在严格落实各项政策的基础上，将各类政策资金的兑付与农牧户落实效果挂钩，与相关政府工作人员履职效果挂钩，用有效的考核机制充分发挥财政资金的使用效果，从而加强相关扶持政策对细毛羊产业的正面促进作用。

（二）加强细毛羊良种保护与推广，提升细毛羊生产性能

2020年以来，受新冠肺炎疫情、肉羊比较效益、养殖成本、草原载畜量和环境保护压力等因素影响，农牧户养殖细毛羊的积极性显著下降，调研地区细毛羊整体养殖形势不容乐观。因此，建议加强细毛羊品种保护与推广，提升细毛羊生产性能。首先，继续加强对原种场、种羊场、扩繁场（站）等细毛羊良种培育和推广机构的扶持力度，根据各级良种繁育机构的存栏量、养殖场地、科研能力等拨付相应的保种经费，在保护已有优良品种核心种群的基础上，侧重多胎型、体格大型、肉用型等优良品系的选育，以保障并提高养殖户的经济效益。其次，加强原种场、种羊场等良种培育主体与规模养殖场、养殖小区以及农牧户等扩繁主体之间的横向合作，以承包、委托、合作等多种经营方式推动细毛羊扩繁基地建设，在品种改良、疾病防控、产品生产与销售等方面进行统一管理，将良种培育主体的技术和管理优势与扩繁主体的规模优势有机结合。再次，逐步完善良种繁育政策扶持体系，加快良种化进程。继续实施并适度提高种用公羊补贴，实行与生产性能挂钩的差异化补贴，完善补贴流程，增加补贴数量和品种，将更多符合地区品种区域规划、适应性强、生产性能好的细毛羊地方优势品种纳入补贴范畴；积极推进能繁母羊补贴政策，整合项目资金对农牧户能繁母羊、后备母羊等给予适度补贴，根据品种、生产性能和鉴定结果实行分等级差异补贴，同时对家庭牧场、规模养殖场（区）、合作社等新型主体给予重点支持；试点开展专项技术补贴，如人工授精、冻精、胚胎移植等，按照配种数、受胎率等指标的达标情况对提供上述技术服务的人员给予一定补助或奖励，引导农牧户进行品种改良。最后，细毛羊主产区应因地制宜地编制中长期产业规划，合理规划优良品种区域布局，根据地区气候条

件、草场类型及改良现状，划定保护区、优势区、发展区等类型，结合区域特征确定品种选育或改良方向，在保持原有的优良产毛性能基础上，侧重肉用性能、繁殖性能的经济杂交改良。

（三）创新基层技术服务组织运行模式，提高实用养殖技术普及率

细毛羊产业持续健康发展的关键在于从业人员的素质，但是传统牧民受教育程度偏低，市场意识淡薄，缺乏主动学习和采纳实用养殖技术的积极性，而作为技术推广主力的基层畜牧工作人员，亦存在知识陈旧、老龄化、人员流动性大等问题。因此，建议从以下几方面出台相关措施：首先，创新基层技术社会化服务组织运行模式，成立新型畜牧技术服务组织。重点在良种繁育、饲料营养、疫病监测诊断治疗、机械化生产、产品储运、废弃物资源化利用等方面，培育畜牧科技服务企业，以社会化服务推动细毛羊专业化生产。如疫病检测诊断治疗社会化服务组织，经地方工商部门合法登记成立。一方面，服务组织以购买服务方式承担辖区内的重大动物疾病强制性免疫和各类实用养殖技术推广等公益性职能，地方政府根据免疫质量监测指标衡量免疫成效，据此评价服务组织水平，兑付防疫报酬。另一方面，服务组织按照企业运行方式与养殖主体签订技术服务合同，为其提供人工授精、动物诊疗、兽药饲料经营等有偿服务。将村级防疫员、配种员和技术推广员等基层畜牧从业人员纳入到该组织中，其收入不仅包括购买服务补助经费，还包括技术服务费以及经营性收入等。该方式有助于提高基层畜牧技术人员工资报酬，在降低基层技术队伍流动性的同时提高技术服务效率。其次，加强基层畜牧技术人员队伍建设，提升业务水平和专业技能，通过建立畜牧业专业人才实训基地、专题培训、学术交流等方式，重点提升基层畜牧技术人员在畜牧技术推广、动物防疫、动物卫生监督、兽药饲料监管等方面的技术水平。最后，通过技术培训提高农牧户实用养殖技术普及率。加强对农牧户技术需求情况的了解，重点在繁殖技术、饲养管理、日粮配制、防疫检疫、无害化处理、机械剪毛等方面给予及时有效的技术支持和培训，引导农牧户向科学化、集约化、专业化的养殖方式转变。同时根据农牧户的理解和认知情况创新技术培训方式方法，通过入户指导、集中培训、多媒体宣传及咨询等途径，或者组织开展技能竞赛、展示交流等活动，提高农牧户参与技术培训的积极性，使他们逐渐由被动学习向主动学习转变，以提高技术培训效果和农牧户对实用养殖技术的实际应用水平。

（四）进一步完善细毛羊合作经济组织，提高农牧户组织化程度

目前各地区从事细毛羊养殖的专业合作经济组织实际运行质量并不高，普遍存在结构松散、制度缺失、运行不规范等问题，并未充分发挥示范带动作用。因此建议进一步完善细毛羊合作经济组织，提高农牧户组织化程度。一是进一步完善细毛羊合作组织结构，建立稳固的利益联结机制。鼓励细毛羊养殖合作经济组织与养殖、生产、加工、销售等环节的其他合作社、种羊场、规模养殖场（区）、企业等生产经营主体进行横向或纵向合作，发展合作社联合社、种羊场＋合作社、规模养殖场（区）＋合作社、企业＋合作社等多种形式的产业联合组织，通过合作组织在配种、防疫、养殖、产品收获及销售等方面对农牧户进行统一管理，以合作组织为纽带建立上述组织与农牧户之间稳定的利益联结机制，以发挥示范带动作用。二是健全管理体制，使合作经济组织规范运营。各级地方政府在合作社建立过程中给予必要的指导，帮助其建立会计制度、民主管理制度、利益分配制度、小农利益保护机制等，逐步形成完善的运行机制。三是加大政策扶持力度，特别是合作经济组织启动资金、信贷、税收及人才培训方面。对于运作规范的合作经济组织给予担保资质、补助奖励、税收优惠及申请项目资助等政策支持，同时加强对合作社负责人及技术骨干的培训力度，提高其经营管理能力。四是由于各地区在产业政策、经济发展水平、农牧户养殖习惯及资源禀赋等方面存在差异，细毛羊主产区应根据自身条件因地制宜地选择不同的养殖模式和发展路径，随着产业化经营的逐步深入，养殖模式的构成主体逐步从一元向二元、多元结构过度，不仅需要运作规范的合作经济组织，还需要大型龙头企业的带动作用，建立产、供、加、销的一条龙生产体系，既提高了农牧户抵御市场风险的能力，又依托市场提高了养殖经济效益。

（五）加快建设细羊毛生产、流通质量控制体系，逐步建立"优毛优价"机制

目前，我国细毛羊主产区羊毛销售方式仍以商贩收购为主，普遍缺乏固定、规范的羊毛交易场所，"污毛计价""混等混级"等现象较为普遍。因此建议加快建设细羊毛生产、流通质量控制体系，逐步建立"优毛优价"机制。一是在细毛羊主产区大力推行"穿羊衣"、机械剪毛、分级打包、公证检验等细羊毛生产采集现代化管理技术，为建立细羊毛"优质优价"机制奠定前期基

础。二是拓展细羊毛销售渠道，鼓励对机械剪毛、分级整理技术掌握纯熟、管理规范的种羊场、国有牧场、大型养殖企业、专业合作社等养殖主体与农牧户建立合作关系，重点在羊毛生产、回收、销售方面提供技术服务和统一管理，实行工牧直交和净毛计价，打通细毛羊主产区与毛纺加工企业的流通渠道，推动产销对接。三是有条件的细毛羊主产区可以考虑建设具有区域辐射性的羊毛交易市场，同时在区域范围内推行公证检验制度，农牧户基于公证检验结果对羊毛分选、分级和打包，并在交易平台竞价销售，毛纺企业将检验数据作为直接向农牧民购买细羊毛的结算依据，从而减少羊毛流通的中间环节，实现"优毛优价"。

（六）加强草原牧区基础设施建设，健全饲草料生产供应体系

我国细毛羊主产区畜牧养殖基础设施建设之后，草场退化、饲草资源不足、养殖成本上涨、人畜饮水困难、生产用电不足等问题突出，同时2020年新冠肺炎疫情爆发也暴露了饲草料等基础生产资料保障储备体系不完善的短板，既影响了农牧民生产经营活动，也制约了细毛羊产业持续健康发展。建议加强草原牧区基础设施建设，健全饲草料生产供应体系。一是继续落实禁牧、休牧、划区轮牧和草畜平衡等草原生态保护措施，加强对可利用草场资源的管护，恢复天然草原植被，提高草原生产力和载畜量，通过草场确权和经营权流转，优化天然草场和打草场资源配置，提高四季牧场利用率，实现适度规模养殖的同时，解放并转移多余劳动力实现增收。二是进一步优化主产区"粮、经、饲"三元结构，依托粮改饲试点、草牧业发展试验试点、高产优质苜蓿示范建设项目、秸秆养畜等，积极开展以苜蓿、饲料玉米、青贮玉米等人工饲草种植，扩大集中连片、林草一体化人工饲草料地种植面积，配套动力电、机井、小型喷灌、引水管道、桥涵及林带等节水灌溉设施建设，优化农牧户饲草料地不同饲草品种的种植结构，同时为农牧户提供草种、饲草收割机械等方面的配套服务，提高饲草供应能力。三是完善饲草料加工利用设施，推行青贮制作、饲草料加工调制、草料配合饲喂等技术，提高秸秆转化利用率，建设饲料储备加工点，引入草产品加工企业，侧重预混饲料、青贮饲料、人工牧草和天然饲草的加工，推进饲草料专业化生产，并提高饲草料利用率。四是促进饲草料商品化交易流通，在有条件的地方建立饲草料储备库和交易市场，加强饲草料加工、流通、配送体系建设。

（七）加强细毛羊产业的金融保险扶持力度

调研显示，扩大再生产流动资金短缺问题仍然是制约细毛羊产业可持续发展的主要瓶颈之一，特别是 2020 年新冠肺炎疫情爆发至今，本土疫情呈零星散发和局部聚集性疫情交织叠加，致使饲草料购置成本、雇工成本、防疫成本、运输成本等均显著增加，羊毛及活畜销售渠道不畅，导致农牧户面临更大的养殖风险。建议加强细毛羊产业的金融保险扶持力度。首先，建议细毛羊主产区地方政府加强与金融机构的合作，主要由农村商业银行、农村合作银行、县市农村信用合作联社等金融机构探索制定畜牧业贷款管理办法，安排一定比例的信贷资金实行项目管理，特别是在农牧户小额信贷、中长期贷款方面给予支持，同时积极调动细毛羊主产区地方财政加大贷款贴息力度，撬动更多金融资本进入畜牧业发展领域。在贷款担保方面，拓宽活体质押、固定资产评估抵押、个人信用担保、反担保、联保等方式，同时鼓励畜牧主管部门牵头设立融资担保公司开展畜牧业贷款担保业务，如尝试由政府、银行、企业共同出资设立融资风险基金，当发生偿贷风险时由基金代偿，多方参与机制能更有效防范"逆向选择"和"道德风险"，进而降低融资门槛和成本；在贷款程序方面，根据贷款项目的生产经营周期和借款人综合还款能力确定授信额度、基准利率、放贷进度、回收期限和结息方式。其次，创新畜牧业保险支持体系，如政策性保险。地方政府推进畜牧业政策性保险试点改革，将细毛羊纳入当地农业政策性保险保费补贴的品种范畴，适度提高保障水平，保险金额基本覆盖饲养成本，同时降低理赔门槛，引导更多农牧户以养殖保险提高避灾减损能力。此外，增加金融贷款与保险的协作，鼓励保险机构开发畜牧业信用保证保险产品，充分发挥保险对贷款的信用增进作用。最后，加强突发事件的金融服务管理。新冠肺炎疫情的爆发加剧了细毛羊产业的经营风险，特别是在饲草料生产与调运、羊毛与活畜销售等方面，细毛羊产业的生产主体扩大再生产资金匮乏，建议在税收减免、贴息贷款、低息贷款等金融服务措施，帮助农牧户、规模养殖场、畜牧养殖加工企业等相关主体度过疫情危机。

分报告二

2021年绒山羊产业
发展调研报告

2021年7月下旬，国家绒毛用羊产业技术体系产业经济研究团队与保定试验站、辽阳试验站合作，赴河北省和辽宁省进行实地调查，先后对河北省秦皇岛市青龙满族自治县（下文简称青龙县）、河北省承德市宽城满族自治县（下文简称宽城县）、辽宁省盖州市（下文简称盖州市）和辽宁省本溪市本溪县（下文简称本溪县）共4个县（市）的绒山羊产业发展情况进行实地调研。调研采取养殖户问卷调查以及与当地畜牧部门相关领导、种羊场场长、合作社理事长、收购商贩、加工与商贸企业负责人座谈等多种形式，旨在全面了解2021年我国绒山羊养殖示范县（市）的绒山羊养殖情况和产业发展情况。本报告基于此次调研，重点分析2021年我国绒山羊养殖形势和产业发展现状及存在问题，并提出促进绒山羊产业发展的对策建议。

一、2021年绒山羊养殖形势与产业发展现状

（一）调研地区绒山羊品种优良，羊绒质量稳定

各调研地区均具备优良的绒山羊品种，良种化程度较高。具体来看，辽宁省盖州市和本溪县均以养殖辽宁绒山羊为主，该品种产绒量高、绒纤维长，被誉为绒山羊中的"中华国宝"。辽宁省近年来实施辽东地区绒山羊改良项目，两地均处于辽宁省划定的辽东优质绒山羊产区内。多年来，两地通过实施绒山羊产业化发展战略，积极开展绒山羊品种改良，通过实施绒山羊改良整村推进工程、辽东山区绒山羊改良等项目大大提升了当地绒山羊的良种化率。目前，两地绒山羊良种化率均在90%以上。河北省青龙县和宽城县的主要养殖品种是燕山绒山羊，该品种是河北省青龙地区独特的生物遗传资源，是经过科研人员30多年的艰辛努力，由本地土种羊选育形成的以产绒为主的绒山羊优质品种。近年来，青龙县采取"以市畜牧站联合河北农业大学专家及县畜牧技术人员为指导，养殖、加工企业为主体"的社会化发展模式，对燕山绒山羊饲养进行规范化管理，有效提升了当地绒山羊良种化水平；宽城县则通过大力扶持种羊场发展来提升良种化水平，该县立东种羊场早在1997年就开始推广绒改、冻精冷配和种用公羊调配等项目，对当地农牧户绒山羊良种化推广具有重要影响。目前，两地绒山羊的良种化率均在90%以上。

从羊绒质量水平来看，各调研县（市）羊绒生产性能较为稳定，但受气候环境、资源禀赋、养殖户养殖技术水平等因素影响，同一绒山羊品种在不同地区的羊绒生产性能存在一定差异。各调研县（市）的绒山羊品种及其生产性能指标如表2-2-1所示。

表2-2-1 各调研县（市）绒山羊品种及其相关质量指标

调研县（市）	品种	细度（微米）	长度（厘米）	单产水平（千克/只）	净绒率（％）
盖州市	辽宁绒山羊	16	7～10	0.75	75
本溪县	辽宁绒山羊	16	8～10	0.75	75
青龙县	燕山绒山羊	15.5	10	0.70	60
宽城县	燕山绒山羊	15.1	9～12	0.70	55～60

注：各指标项均为成年母羊所产羊绒的质量指标。

数据来源：产业经济研究团队赴辽宁、河北两省各调研县农牧局统计资料和访谈记录。

辽宁盖州市绒山羊成年母羊所产的羊绒平均细度为16微米，平均长度为7～10厘米，平均单产为0.75千克，净绒率在75％以上；辽宁本溪县绒山羊成年母羊的羊绒平均细度为16微米，平均长度为8～10厘米，平均单产为0.75千克，净绒率也在75％以上。

青龙县燕山绒山羊成年母羊的羊绒细度约为15.5微米，羊绒长度在10厘米左右，平均单产为0.70千克，净绒率为60％左右；宽城县燕山绒山羊成年母羊的羊绒细度在15.1微米左右，平均长度为9～12厘米，平均单产为0.70千克，净绒率为55％～60％。

（二）调研县（市）绒山羊存栏量较2020年微幅增长

2021年各调研县（市）绒山羊存栏总量为119.01万只，较2020年的118.04万只微幅增长了0.82％（表2-2-2）。具体来看，2021年，除青龙县以外，其他各调研县绒山羊存栏量均有所增长。其中，盖州市2021年底绒山羊存栏量为58万只，较2020年底的56.36万只增长了2.91％；本溪县2021年底绒山羊存栏量为10.00万只，较2020年底的9.50万只增长了5.26％；宽城县2021年底绒山羊存栏量为6.91万只，较2020年底的6.89万只增长了0.29%。

盖州市绒山羊养殖规模增加主要得益于农牧户绒山羊养殖效益的提升和养殖结构的变化。首先，羊绒价格大幅上涨提高了农牧户绒山羊养殖效益，从而稳定了农牧户对绒山羊的养殖积极性。从调研情况看，2021年，盖州市羊绒价格为340元/千克，较2020年的250元/千克大幅增长了36%。其次，当地绒山羊养殖结构逐渐发生变化，普通养殖户数量逐渐增加。过去盖县的辽宁绒山羊种用羊价格高昂并且深受市场环境欢迎，平均售价最高曾经达到30 000元/只，因此，当地绒山羊养殖农牧户以种用羊养殖为主。近年来，种羊市场价格持续下降，目前平均售价约为5 000元/只，大幅下降的种羊销售价格使得农牧户养殖种用羊的积极性下降，很多绒山羊养殖场（户）逐渐放弃了种羊生产，转向更适合规模化养殖的非种用羊只。本溪县绒山羊养殖规模增加主要得益于羊肉销售价格和羊绒价格的上涨，农牧户养殖效益显著提升。2021年本溪县羊肉销售价格为90元/千克，较2020年的85元/千克增长了5.88%，羊绒价格则从2020年的180元/千克增至2021年的300元/千克，同比增长了66.67%。宽城县绒山羊养殖规模增加主要得益于羊绒价格上涨，在羊肉价格保持稳定的情况下，绒山羊养殖效益提升。从调研情况看，2021年宽城县羊绒价格从2020年的200元/千克涨到2021年的280元/千克，上涨了40%，而当地羊肉价格近两年基本稳定在90元/千克。

与其他调研县绒山羊存栏量变化趋势相反，2021年底，青龙县绒山羊存栏量同比减少，从2020年底的45.30万只减少到2021年底的44.10万只，减少了2.65%。青龙县绒山羊存栏规模减小主要受到当地绒山羊转产和农牧户外出务工的影响。一方面，与小尾寒羊等肉羊品种相比，绒山羊产羔率低、生长缓慢，加之近年来羊肉价格逐年上涨，导致绒山羊养殖效益远低于肉羊品种，导致部分农牧户转向肉羊养殖；另一方面，青壮年劳动力普遍外出务工，当地养羊户以50岁以上老年人为主，随着老人体力下降，农牧户逐渐缩减养殖规模甚至退出了绒山羊养殖。此外，2020年爆发的新冠肺炎疫情造成羊绒制品需求减少，羊绒收购价格大幅度下跌，农牧户还面临着饲料购置和运输困难，当年农牧户绒山羊养殖普遍亏损，2021年新冠疫情尚未完全消失，部分农户预测未来羊绒价格和绒山羊养殖效益依然存在较大的不确定性，因此趁2021年羊绒价格高企退出了养殖活动。前述多个因素导致青龙县绒山羊年底存栏量呈现明显减少态势。

表2-2-2　各调研县（市）绒山羊存栏和羊绒产量变化情况

调研县（市）	绒山羊存栏（万只）			羊绒产量（吨）		
	2020年	2021年	增减（%）	2020年	2021年	增减（%）
盖州市	56.36	58.00	2.91	281.82	320.14	13.60
本溪县	9.50	10.00	5.26	65.63	67.50	2.85
青龙县	45.30	44.10	−2.65	242.72	256.70	5.76
宽城县	6.89	6.91	0.29	37.50	38.36	2.29
合计	118.05	119.01	0.81	627.67	682.70	8.77

数据来源：产业经济研究团队赴辽宁、河北等地各调研县农牧局统计资料和访谈记录。

注：增减幅度表示2021年较2020年的变化。

（三）调研县（市）羊绒产量较2020年均有所增长

由于各县（市）羊绒单产水平比较稳定，因此羊绒产量的变化主要受2020年年底绒山羊存栏量变化的影响。2021年度调研县（市）羊绒产量较2020年小幅增长，各调研县（市）羊绒产量增幅有所差异。2021年各调研县羊绒产量合计为682.70吨，较2020年的627.67吨增长了8.77%（表2-2-2）。具体来看，盖州市羊绒产量同比增幅最为明显，该县2021年羊绒产量为320.14吨，较2020年的281.82吨大幅增长了13.60%；本溪县2021年羊绒产量为67.50吨，较2020年的65.63吨小幅增长了2.85%；青龙县2021年羊绒产量为256.70吨，较2020年的242.72吨增长了5.76%；宽城县2021年羊绒产量为38.36吨，较2020年的37.50吨小幅增长了2.29%。

（四）调研县（市）羊绒销售价格较2020年大幅上涨

2021年各调研县（市）羊绒销售价格与2020年同期相比均大幅上涨。具体来看，盖州市2021年羊绒平均销售价格为340元/千克，较2020年的250元/千克上涨了36.00%；本溪县2021年羊绒平均销售价格为300元/千克，较2020年的180元/千克上涨了66.67%；青龙县2021年羊绒平均销售价格为270元/千克，较2020年的180元/千克上涨了50.00%；宽城县2021年羊绒平均销售价格为280元/千克，较2020年的200元/千克上涨了40.00%（表2-2-3）。

表 2 - 2 - 3 各调研县（市）羊绒销售价格

单位：元/千克

调研县（市）	2020 年	2021 年	增减变动（%）
盖州市	250.00	340.00	36.00
本溪县	180.00	300.00	66.67
青龙县	180.00	270.00	50.00
宽城县	200.00	280.00	40.00

数据来源：当地畜牧兽医局统计资料。

　　调研过程中，我们了解到 2021 年各调研县（市）羊绒价格大幅上涨的主要原因在于以下几点：首先，随着新冠肺炎疫情逐步缓解，全球经济恢复增长，国外羊绒消费需求回暖。根据国际货币基金组织（IMF）2022 年 1 月发布的报告显示，预计 2021 年全球经济增长率为 5.9%，较 2020 年增加 9.0 个百分点。在世界经济恢复增长的背景下，国外市场对羊绒原料与制品的消费需求也逐步回升，从而推动了今年羊绒价格的上涨。其次，国内经济快速恢复，羊绒制品消费需求回升，对上游羊绒原料的需求增长带动羊绒价格的上涨。根据国家统计局的数据显示，2021 年中国国内生产总值（GDP）114.37 万亿元，按可比价格计算，较上年增长 8.1%，较 2020 年的 2.3% 增加了 5.8 个百分点。随着宏观经济增速的回升，全国居民人均可支配收入增幅也在提升。根据国家统计局公布数据，2021 年全国居民人均可支配收入实际增长 8.1%，与经济增长基本同步，较 2020 年实际增速（2.1%）大幅提升。最后，今年受美国过度宽松的货币政策影响，大量资金从美国经济中溢出并波及全球，造成各国大宗商品价格上涨，也给中国带来巨大的通胀压力，导致国内原材料市场价格出现较大幅度的上涨，对国内羊绒价格上涨也有推动作用。综合来看，国内外疫情缓解，各国经济恢复增长，毛纺企业产能恢复，对羊绒原料需求增加，加之美国过度宽松的货币政策影响，进一步带动羊绒价格的上涨。

（五）农牧户养殖技术水平有所提升，但地区间差异较大

　　近年来，随着禁牧、退耕还林等生态保护政策的实施，各调研县农牧户的绒山羊养殖方式正逐渐由全放牧向半舍饲、全舍饲转变。加之近年来政府部门、科研院所等机构对先进养殖技术的不断推广，各调研地区农牧户的养殖技术水平均有所提升。从调研情况来看，多数养殖户重视绒山羊的良种选育，往

往自发选择购买具有优良性状的种用公羊进行种群繁殖，并且能够做到种用公羊的及时淘汰和更新；养殖户普遍关注绒山羊的疫病防疫情况，积极参加当地畜牧主管部门及企业举行的关于疫情防治类的技术培训活动，并能够积极采纳应用相关防控技术，在实际养殖中，养殖户均有一定的病死羊只无害化处理的意识，并且能够对病死羊进行及时处理，以防止疫病在羊群中传播；畜牧养殖机械的使用有所增加，调研地区的多数农牧户家里都购置了铡草机和饲料粉碎机等小型畜牧机械，机械的使用大大提升了绒山羊养殖效率。

但是，各调研地区间农牧户的养殖技术水平还存在较大差距，辽宁地区农牧户的养殖技术水平明显高于河北地区。盖州市和本溪县作为辽宁绒山羊的优势产区，当地绒山羊的生产性状普遍较好，农牧户的绒山羊部分会作为种羊出售，市场价格远高于一般的绒山羊，较高的养殖效益带动了当地农牧户养殖技术水平的提升。具体来看，一是盖州市和本溪县更为注重绒山羊的营养摄入及饲料配比，除玉米、秸秆外，还会选择加工饲料、豆粕等精料进行喂饲，对于处于妊娠期的母羊还会辅以专门的混合饲料，以保证其营养摄入。二是舍饲养殖技术更为普及。产业经济研究团队 2021 年度调研资料显示，辽宁地区有 45.83％的农牧户采用舍饲养殖方式，远高于河北地区。相比放牧和半舍饲养殖管理方式，舍饲养殖是产业化、集约化、规模化发展方向，这种养殖方式对养殖技术有着较高的标准，能够有效提升养殖效率，更好地发挥绒山羊潜在生产性能。三是注重圈舍的清洁和消毒，羊只疫病较少发生。盖州市和本溪县绒山羊农牧户会对圈舍进行定期清洁和消毒，此外，当地养殖户的羊只疫病管理手段更为先进，羊只因病死亡的现象较少发生。产业经济研究团队 2021 年度调研资料显示，盖州市绒山羊养殖户因病死亡成年羊和羔羊仅占养殖量的 1.84％和 5.21％，本溪县绒山羊养殖户因病死亡成年羊和羔羊所占养殖量的比例更低，分别为 1.58％、4.00％，远低于河北青龙县和宽城县的羊只病死率。四是剪绒的社会化服务体系更为完善。盖州市和本溪县均成立了专门的剪绒队伍，并且每年剪绒季来临前相关畜牧部门都会组织专门的剪绒技术培训，多数农牧户剪绒工作都是雇人完成的。

相比之下，青龙县和宽城县农牧户养殖技术水平相对较低，这些地区的农牧户往往依靠自身经验开展养殖活动，普遍不注重饲料配比和营养搭配，基本采用自种的玉米和秸秆作为饲料，很少购买专门的加工饲料；农牧户以半舍饲养殖为主，仅 17.65％的农牧户采取舍饲养殖；当地也没有专门的剪绒队伍，宽城县还有一定数量的农牧户采取传统的手工抓绒，不仅费时费力，还会对羊只造成损伤；当地农牧户对羊圈定期清洁和消毒的意识比较薄弱，大多数农牧户对圈舍内的羊粪清理频次低，一年仅一次。

（六）绒山羊养殖成本增加，羊绒产值占比较低

从调研中了解到，各调研县（市）受禁牧政策的影响，绒山羊的养殖方式正逐渐由全放牧向舍饲、半舍饲方式转变，绒山羊的饲草料投喂量增加，虽然养殖户大多会自种玉米等饲草料以降低养殖成本，但部分养殖户由于养殖规模较大，自种饲草料不足以满足羊只的喂饲需求，还需要外购加工饲料、玉米、豆粕等。因此，饲草料费无疑是农牧户绒山羊养殖过程中的重要成本支出项。由表2-2-4可知，2021年各调研县（市）饲草料价格同比均出现不同程度的上涨，绒山羊养殖饲草料成本压力增大，绒山羊养殖成本同比均有所增加。

具体来看，2021年各调研县（市）加工饲料、玉米、豆粕、秸秆等饲草料价格同比均出现不同程度的上涨。其中，2021年盖州市玉米价格涨幅最大，同比上涨了29.21%，秸秆和加工饲料价格同比分别上涨了9.86%和8.25%；本溪县秸秆价格涨幅最大，同比上涨了14.28%，玉米和加工饲料价格同比分别上涨了10.89%和6.73%；青龙县和宽城县玉米价格涨幅最大，同比分别上涨了17.92%、10.61%；青龙县的豆粕和高粱草价格涨幅也较大，同比分别上涨了8.31%、6.39%；宽城县的秸秆价格涨幅较大，同比上涨了9.78%。

表2-2-4　各调研县（市）近年主要饲料价格情况

单位：元/千克

调研县（市）	饲料	2020年	2021年	同比变化（%）
盖州市	加工饲料	4.00	4.33	8.25
	玉米	2.02	2.61	29.21
	豆粕	3.59	3.67	2.23
	秸秆	0.71	0.78	9.86
本溪县	加工饲料	3.71	3.96	6.73
	玉米	2.02	2.24	10.89
	豆粕	3.77	3.77	0.0
	秸秆	0.70	0.80	14.28

（续）

调研县（市）	饲料	2020 年	2021 年	同比变化（%）
青龙县	加工饲料	4.03	4.22	4.71
	玉米	2.40	2.83	17.92
	豆粕	3.49	3.78	8.31
	秸秆	1.20	1.23	2.5
	高粱草	3.13	3.33	6.39
宽城县	加工饲料	3.34	3.41	2.1
	玉米	2.45	2.71	10.61
	豆粕	2.74	2.81	2.55
	秸秆	1.84	2.02	9.78
	花生秧	4.48	4.48	0.0

数据来源：2021 年度产业经济研究团队农牧户调查问卷整理得到。

由表 2-2-5 可知，在不考虑家庭用工成本时，2021 年调研县（市）绒山羊平均养殖成本为 1 160.53 元/只，其中，幼畜购进费、精饲料费和饲草费是最主要的养殖成本项，分别占养殖总成本的 60.59%、18.02% 和 5.40%。

分地区来看，盖州市绒山羊养殖成本最高，为 1 408.82 元/只；其次是青龙县，为 1 105.80 元/只；再次是本溪县，为 1 077.15 元/只；宽城县最低，为 1 050.27 元/只。总体来看，各调研县（市）绒山羊养殖成本存在一定差异，尤其是盖州市各项养殖成本均显著高于其他地区，主要是因为盖州市绒山羊养殖方式以舍饲为主，直接加大了农牧户对绒山羊饲草料的成本投入。另外盖州市和本溪县的雇工费均高于青龙县和宽城县，主要是因为盖州市和本溪县剪绒基本都是雇人完成，而青龙县和宽城县剪绒都是农牧户自己完成，节省了雇工费用。

从养殖收益来看，2021 年调研县（市）绒山羊的平均养殖收益为 632.22 元/只，其中羊绒产值和出栏羊销售收入分别为 399.59 元/只和 1 383.67 元/只，分别占养殖收益的 22.29% 和 77.18%。羊绒产值在养殖收益中占比较低，出栏羊销售收入在养殖收益中占主导地位。分地区来看，盖州市绒山羊平均养殖收益最高，为 2 048.79 元/只；其次是本溪县，为 1 763.37 元/只；再次是青龙县，为 1 716.41 元/只；宽城县最低，为 1 642.43 元/只。从养殖收益构成来看，各调研县（市）绒山羊出栏羊销售收入在养殖收益中占比均较大，而羊绒产值占比相对较小。具体来讲，盖州市、本溪县、青龙县和宽城县羊绒产值所占比例依次为 20.16％、25.05％、21.09％ 和 23.23％。从养殖纯收益来看，2021 年调研地区绒山羊的平均养殖纯收益为 632.22 元/只。分地区来看，本溪县绒山羊平均养殖纯收益最高，为 686.22 元/只；其次是盖州市，为 639.97 元/只；再次是青龙县，为 610.61 元/只；宽城县最低，为 592.16 元/只。

表 2－2－5　2021 年调研县（市）绒山羊养殖收益成本情况

项目	样本总体	青龙县	宽城县	盖州市	本溪县
养殖收益合计（元/只）	1 792.75	1 716.41	1 642.43	2 048.79	1 763.37
羊绒产值（元/只）	399.59	362.06	381.50	413.13	441.67
羊绒产量（千克/只）	1.33	1.18	1.20	1.41	1.53
羊绒价格（元/千克）	301.84	307.75	317.92	293.00	288.67
出栏羊销售收入（元/只）	1 383.67	1 341.32	1 236.00	1 635.66	1 321.71
出栏羊平均活重（千克/只）	38.35	39.79	37.50	41.79	34.33
出栏羊平均价格（元/千克）	36.08	33.71	32.96	39.14	38.50
其他副产品产值（元/只）	9.49	13.03	24.93	0.00	0.00
养殖成本合计（元/只）	1 160.53	1 105.80	1 050.27	1 408.82	1 077.15
幼畜购进费（羔羊折价）	703.18	661.46	701.25	800.00	650.00
精饲料费	209.11	199.32	125.20	316.59	195.33
饲草费	62.68	88.51	36.83	103.10	22.26
饲盐费	5.48	3.85	4.37	9.43	4.26
医疗防疫费	38.53	35.29	56.40	43.22	19.20
雇工费	24.54	11.45	19.78	25.86	41.07
水电燃料费	9.43	9.55	7.46	9.85	10.86
死亡损失费分摊	40.18	33.65	52.49	30.86	43.73
草场租赁费	0.43	0.00	0.00	0.37	1.36
修理维护费	11.01	11.11	4.30	16.79	11.82
固定资产折旧	54.08	51.61	34.69	52.75	77.26
其他费用	1.88	0.00	7.50	0.00	0.00
养殖纯收益（元/只）	632.22	610.61	592.16	639.97	686.22

　　数据来源：2021 年度产业经济研究团队农牧户调查问卷整理计算结果。

　　注：此处是以出栏口径计算绒山羊养殖的成本收益，即计算一只绒山羊从出生至出栏整个时期的平均成本收益情况。此外，此处统计的羊绒产量为养殖户通过剪绒方式获得的绒山羊套子绒产量。

（七）绒山羊养殖规模地区差异明显，标准化规模养殖有所发展

目前，各调研县（市）绒山羊养殖仍以养殖户家庭散养为主，但小规模养殖户数量开始减少，绒山羊户均养殖规模呈上升趋势。在各调研县（市）中，盖州市农牧户的绒山羊养殖规模大多在 80 只以上，其中，65％的农牧户养殖规模 80～200 只，23％的农牧户养殖规模 200～1 000 只，2021 年养殖规模在 1 000 只以上的农牧户有所增加；本溪县农牧户的绒山羊养殖规模基本在 100 只以上，占总户数的 90％以上；青龙县农牧户的绒山羊养殖规模大多在 50 只以下，其中，大约 70％的农牧户养殖规模为 30～50 只，养殖规模在 30 只以下和 100 只以上的各占 15％，养殖规模在 500 只以上的极少；宽城县农牧户的绒山羊养殖规模在 100 只以上的占总户数的 60％左右，剩下的多集中在 20～30只的养殖规模，约占 40％。

近年来受国家与省区政策驱动，各调研县（市）绒山羊标准化规模养殖不断发展，标准化和规模化程度有所提高。其中，盖州市位于辽宁省辽东优质绒山羊产业区，通过整合国家及省市项目资金，并依托辽宁省畜牧科学院大力推进规模化养殖。2008 年以来，新建、改扩建标准化养殖小区 186 个，其中省级标准化绒山羊规模养殖小区 60 个，全市标准化规模养殖比重达 61.6％；本溪县在中央财政支持下，2012 年以来每年投入 30 万元，通过扶持绒山羊养殖基地建设来推动规模化养殖，标准化规模养殖发展较快，已建成标准化绒山羊养殖小区 21 个。因此，这两地的标准化规模养殖发展较好。青龙县和宽城县则积极鼓励畜牧养殖户加强标准化棚圈建设。通过整合项目资金，如京津冀风沙源治理二期工程、全株玉米青贮项目等，按每平方米 140 元的补贴标准对畜牧养殖户新建的标准化棚圈进行补贴，并且补贴面积不设上限，对当地绒山羊的养殖条件改善和标准化养殖水平提升也有较大的促进作用。

（八）调研县（市）均有一定数量合作社，但正常运作的较少

目前，各调研县（市）均有一定数量的绒山羊养殖专业合作社，其中，盖州市畜牧养殖合作社最多，截止 2020 年底共有 193 家，涉及绒山羊的专业养殖合作社约有 52 家；本溪县产业组织发展相对落后，全县有 45 家畜牧养殖合作社，仅有 15 家为绒山羊养殖合作社；青龙县和宽城县注册成立的畜牧养殖合作社较多，但是涉及绒山羊的专业养殖合作社较少，青龙县有 40 家，宽城

县仅有 10 家为绒山羊养殖合作社。

各调研县（市）合作社的成立，一般是依靠能人大户带动或是村组织带动，大部分合作社缺少规范的章程，社员之间联系极为松散，社员大多以各自散养为主，而且难以做到统一经营，也没有实现风险共担和利益共享。产业经济研究团队 2021 年度调研资料显示，有 58.58％ 的养殖户没有加入合作社，其中 32.75％ 的养殖户表示未来也不愿意加入合作社。而部分入社的农牧户表示绒山羊养殖合作社并未向自己提供过任何服务，对自己的经营也没有任何助益。具体来看，青龙县和宽城县虽然有几十家绒山羊养殖合作社，但基本上都是"空壳社"，成立合作社主要是为了套取政策扶持资金；盖州市和本溪县绒山羊养殖合作社较多，也仅有个别合作社具有规范的章程，能够有效运作，对养殖户起到联系作用。如本溪县初泽锐种养殖专业合作社，最初是能人大户牵头，2018 年由 10 户绒山羊养殖户共同发起成立，注册资金为 364.8 万元。合作社实行统一经营，日常经营主要由合作社理事长负责，合作社为社员免费提供技术指导、统一防疫、统一销售活羊和羊绒，还为社员统一采购饲草料，并在年终按物质投入结算抵价。每年，合作社会在扣除运营成本和扩大再生产资金后，按社员交纳的股金份额进行分红，2020 年合作社社员户均利润分配达到 1 万元。

（九）羊绒销售渠道单一，以商贩收购为主

目前各调研县（市）绒山羊养殖主要以家庭为单位小规模散养为主，由于户均养殖规模有限，羊绒产量也相对较少，所产羊绒基本销售给本地的羊绒商贩，只有少数直接卖给加工厂。具体来看，盖州市的羊绒基本都是卖给本地的羊绒商贩，交易时羊绒不分级，双方协商一致后以现金方式一次性完成交易，本地的羊绒由商贩转手卖给上级收购商，最终大部分羊绒流向河北清河；本溪县羊绒销售方式包括商贩收购和工牧直交两种方式。其中，商贩收购占 80％，工牧直交占 20％。虽然部分通过工牧直交，但是双方也多为一次性支付交易，未签订羊绒销售合同。从 2020 年开始由商贩带头分级收购，主要按照部位分级，如背部、腹部等分别定价，同一部位的羊绒细度差异较小，但仍存在长度差异，价格也有所不同；青龙县和宽城县羊绒收购都是以本地商贩收购为主，通过双方一次性支付交易。其中，青龙县的商贩主要将羊绒销售给了当地羊绒分梳厂和清河的羊绒加工企业，而宽城的商贩主要将收购的羊绒直接销售给青

龙县的商贩，只有少部分销售给清河的加工企业。

（十）调研县（市）绒山羊产业扶持政策存在较大差异

各调研县（市）均是我国绒山羊的重要养殖区域，绒山羊养殖收入是农牧户总收入的重要组成部分。目前，各调研县（市）均执行了国家出台的促进畜牧业发展的相关政策，如动物防疫补贴政策、畜牧机械购置补贴政策等。但由于各调研县（市）经济发展程度、财政收入水平、对绒山羊产业发展规划等存在区别，各调研县（市）对绒山羊产业扶持力度也存在较大差异。

盖州市是辽宁绒山羊的主要养殖区，当地除执行国家制定的绒山羊产业发展的相关政策外，主要与辽宁省畜牧科学研究院合作，进行辽宁绒山羊品种的保种、培育与推广。辽宁省畜牧科学研究院每年会给当地拨付 20 万～30 万元的经费，用于优质绒山羊品种推广以及秸秆高效利用技术应用等方面。同时，为鼓励标准化规模养殖，一方面，每年会选取 2～3 个标准化规模养殖场提供秸秆粉碎打包机，以提高养殖的机械化水平；另一方面，由省级财政补贴，为标准化规模养殖场（户）提供贴息贷款，户均贷款额度为 5 万，贷款利率仅为 4％。此外，针对动物防疫扑杀，补贴标准为 500 元/只，坚持应补尽补，按中央财政 40％、省财政 30％、市财政 6％、县/区财政 24％进行补贴。本溪县对标准化规模养殖进行扶持，自 2012 年开始，中央财政每年划拨 30 万元用于养殖基地建设和规模化养殖推广，2018 年开始该项目经费减少到每年 20 万元，2020 年分别补贴两处养殖基地 3 万元和 5 万元，其余经费均用于技术培训和专家咨询。动物防疫扑杀政策执行与盖州市同样的标准，并且，针对羊只免疫过程出现意外死亡的情况，政府规定由疫苗厂家出资，按 800 元/只的标准直接补贴给养殖户。

青龙县和宽城县对绒山羊的产业扶持力度相对较弱。宽城县主要是通过整合国家京津冀风沙源治理二期项目资金，对当地的绒山羊产业进行扶持。主要涉及绒山羊养殖棚圈建设方面，针对棚圈建设面积大于 60 米^2 的农牧户给予每平方米 140 元的补贴，但是该项补贴是针对所有畜禽圈舍建设，每年绒山羊圈舍得到的补贴比例较小。与宽城县不同，青龙县则重点发展林果产业，作为促进该县农牧民增收的主导产业，政府出台的相关扶持政策也主要针对林果产业，先后颁布了《大力发展板栗产业的实施意见》《扶持壮大中药材产业基地的实施意见》《重点新型经营主体奖补实施方案》等一系列文件。对于绒山羊产业，除落实动物防疫补贴政策、畜牧机械购置补贴政策等国家出台的促进畜牧业发展的相关政策外，该县未出台其他政策扶持绒山羊产业发展。

二、当前绒山羊产业发展面临的主要问题

（一）部分地区绒山羊"转产"现象普遍，羊绒生产存在萎缩风险

2021年，各调研地区羊绒价格均明显上涨，同时养殖成本也明显增加，导致农牧户绒山羊养殖效益水平依然位于较低水平。与小尾寒羊等肉羊品种相比，绒山羊产羔率低、生长缓慢，虽然有羊绒收益，但是羊绒价格近年来波动较大，羊绒收益极不稳定。部分地区绒山羊养殖户"转产"现象较为普遍，有的养殖户转向肉羊养殖或其他特色农产品的种植，有的养殖户则外出务工，导致绒山羊养殖户数量减少，绒山羊存栏量也明显下滑。从调研情况来看，宽城县的绒山羊养殖户数量5年前接近5 000户，目前养殖户数量不足3 000户，青龙县的小规模养殖户数量也逐渐减少。这些地区的绒山羊存栏量近年来均处于较低水平。具体来看，青龙县2017年绒山羊年底存栏量为47.50万只，2021年底绒山羊存栏量持续减少到44.10万只，年均降幅1.84%；宽城县2017年绒山羊存栏量为11.29万只，2021年底绒山羊存栏量波动减少到6.91万只，年均降幅高达11.55%。从访谈中我们了解到，由于绒山羊养殖效益远低于小尾寒羊等多胎肉羊品种，部分农户受经济效益驱使直接转产肉羊品种；其次，宽城县、青龙县矿产资源丰富，当地矿业发展需要大量的青壮年劳动，日工资水平普遍在200～300元，苹果、大棚蔬菜等产业发展需要的雇工日工资水平也能达到100～150元/天，这造成青壮年养殖户普遍转向其他产业发展；再者，青龙和宽城的矿业开发占用了山地，迫使部分农牧户被迫转产。绒山羊养殖户"转产"现象普遍，不仅会影响绒山羊养殖规模，长此以往也会对羊绒生产造成不利影响。

受国内羊肉消费量持续增长的影响，活羊价格始终居高不下，养殖户通常重视绒山羊肉用性能的开发，羊绒生产亦存在较大的萎缩风险。从农户访谈中我们了解到，多个调研地区的农牧户对提高绒山羊多羔率及羔羊成活率的技术、快速育肥技术较为感兴趣，对提升羊绒细度、净绒率等质量指标的技术关注度较低。根据2021年度产业经济研究团队的调研资料，有62.19%的养殖户不愿意扩大养殖规模，其余愿意扩大养殖规模的农牧户中，有80.64%的养

殖户是因为活羊预期价格较好而扩大养殖规模。辽宁本溪绒山羊存栏近5年一直维持在10万只左右，最主要的原因是该县号称中国"羊汤之乡"，消费者对绒山羊存在较大的食用需求所致。

2021年11月以来，新冠疫情又在国内外呈现多点频发的态势，美国等主要羊绒制品消费国新冠疫情形势严峻，给国内外经济增长和刚刚回暖的羊绒市场带来较高的不确定性。绒山羊"转产"现象加上养殖户追逐绒山羊的肉用性能，叠加疫情带来的不确定性，未来羊绒生产形势依然较为严峻。

（二）小规模养殖户绒山羊养殖管理方式依然传统落后，先进技术采用率较低

受国家与省区政策驱动，各调研地区绒山羊养殖的标准化和规模化程度均有不同程度的提高。根据调研资料，盖州市88%的养殖户的养殖规模在80只以上，本溪县90%的养殖户的养殖规模在100只以上。适度规模使得两地养殖户在养殖的基础设施、机械设备均有一定的投入，品种选育、疫病防治、剪绒等先进养殖管理技术广为采用，并产生了较好的经济效益。而其他地区数量更加庞大的小规模养殖户养殖管理方式依然较为落后，先进技术应用水平较低。

从养殖设施和机械设备看，各调研地区的小规模养殖户圈舍较为简陋。青龙县、宽城县的小规模养殖户普遍分布在交通不便的山区，多数养殖户采取夏秋放牧、冬春舍饲的半舍饲养殖方式，个别养殖户依然采用全放牧的养殖方式，精细化的舍饲管理方式并没有在这些地区得到大面积的应用。具体来看，青龙县85%的养殖户的养殖规模在50只以下，养殖规模较小使得农牧户建造的羊圈面积普遍不大，且大多毗邻养殖户居住的房屋，未实现人畜分离。宽城县40%的养殖户的养殖规模在20~30只，由于宽城县近年来针对养殖户实施了棚圈建设补贴政策，使得当地养殖户普遍建有相对标准的羊圈，圈舍多为彩钢或者砖石结构，多数农牧户均购置了专门的食槽、盐槽，也有一些农牧户因陋就简使用闲置的脸盆等废旧器皿。两县的养殖户普遍拥有铡草机、粉碎机等小型畜牧养殖机械设备，有的农户还获得了政府免费赠与的饲料粉碎机或者加工机械，但由于缺少电机，农户应用程度并不高。两县的养殖户农用小三轮车使用较为普遍，较少有人购置揉丝机、大功率拖拉机等价值较高的机械设备。

从养殖技术应用看，小规模养殖户采纳使用先进技术普遍较少，多数养殖

户年龄偏大，往往根据自身经验从事养殖活动。他们普遍重视优良品种的使用和疫病防治，但在日常养殖过程中，他们较少购买使用加工饲料对羊只营养进行有效补充，饲草料的投喂量和配比主要依靠自己的经验判断，较少关注饲料的配比和营养搭配。大多数养殖户没有贮粪场及粪污处理设施，羔羊补饲和早期断奶、圈舍设计与修建、粪污处理等各种技术均应用较少。产业经济研究团队2021年度调研资料显示，存栏规模在50只以下的养殖户中，有29.41%的养殖户表示从未接受过绒山羊养殖技术和养殖管理方面的培训。有的则表示即使参加了培训，由于技术复杂、资金投入较高等多重原因，他们在现实中也不会采用。

（三）养殖决策主体年龄老化，受教育程度偏低

目前，从事养殖的农牧户中主要决策者年龄普遍偏大。产业经济研究团队2021年度调研资料显示，受访养殖户平均年龄为50.54岁，其中年龄在35岁以下的仅有7.07%，50岁以上的养殖户占被调研养殖户的65.65%，超过60岁的养殖户的比例约18.18%。从调研情况看，部分地区从事绒山羊的养殖活动主体大多是老人，青壮年劳动力倾向于外出务工，逐渐退出了绒山羊养殖。部分养殖户随着年龄增长，劳动能力下降，有意缩减养殖规模或者退出养殖活动。总体看，绒山羊产业从业人员年龄结构老化，后备劳动力资源十分缺乏。

从受教育程度看，多数受访养殖户为初中和小学文化程度，仅有4.04%的养殖户具有大专及以上的学历，85.85%的养殖户的受教育程度在初中文化程度及以下，有33.33%的养殖户在小学文化程度以下。从调研情况来看，受教育程度偏低的养殖户思想观念相对比较落后，大多缺乏市场化经营理念，倾向于根据自身经验进行养殖活动，采纳新技术的积极性较差，科学管理和科技养殖难以实现，不利于绒山羊产业的发展。

（四）基层畜牧兽医基础设施不完善，专业技术人才"青黄不接"

目前，我国绒山羊养殖总体依然是以家庭为基本单位分散养殖为主。养殖户普遍文化水平偏低，尤其是小规模养殖户养殖设施化水平和先进实用技术应用水平较低，对于基层畜牧兽医服务具有较大的需求，但是各调研地区的基层畜牧兽医服务部门普遍存在基础设施条件差、专业技术人员短缺及技术老化等

问题，不仅直接影响了养殖户的切身利益，也影响了绒山羊产业的健康发展。从调研情况看，宽城县、青龙县的畜牧兽医管理部门指出基层尤其是乡镇畜牧兽医管理和服务部门，一个畜牧工作人员往往要同时服务多个村落，甚至需要同时兼顾多个畜种，且各种先进诊疗设备也比较稀缺，工作任务繁重且工作条件和工作环境比较差。除了上述困难，基层部门还面临经费投入不足及工作人员薪酬福利待遇偏低等困难，导致难以吸引和留住年纪轻、学历高的专业技术人才，畜牧兽医队伍的技术水平较难得到新生力量的补充和提升，畜牧兽医人员"青黄不接"的问题日趋严重。本溪县农业专业技术人员编制仅有192个，而在编在岗只有132人（包括各乡镇及街道），其中农业技术推广人员编制20人，实有14人；农机技术推广人员编制15人，实有10人；乡镇技术推广人员编制78人，实有34人，负责畜牧兽医技术推广的只有6人，该单位已经23年未曾招聘过新员工，目前的工作人员平均年龄在50岁左右。另外，各调研地区均反映目前从事畜牧兽医工作的大多是20世纪80—90年代的中专毕业生，年龄普遍偏大、学历层次偏低、知识老化造成其服务能力和质量均无法满足大量养殖户的需要。

（五）绒山羊养殖专业合作社示范性不足，产业组织化程度低

目前，各调研县（市）均成立了一定数量的绒山羊养殖专业合作社，但运行规范的合作社数量较少，甚至存在"空壳社"。从调研情况看，盖州市的绒山羊养殖专业合作社发展历史较长，从实际运行效果看，合作社缺乏规范的章程和有效的运作机制；本溪县对合作社具有一定的支持力度，但因为缺乏经营管理经验，使得正常运行的合作社数量较少；青龙县和宽城县的合作社大多是为了获取国家优惠贷款、项目扶持而成立，合作社成员多为亲戚朋友拼凑而成，因缺乏后续支持措施，合作社并未开展实际运作。总体来看，各调研地区的绒山羊养殖和羊绒生产依然以家庭为基本单位开展生产经营活动，各家各户分散生产、单独经营，彼此之间的经济联系处于分散状态，即使某些业已成立的合作社组织内成员之间关系也比较松散，不仅没有资金、技术和人才等资源的整合利用，也没有建立起风险共担和利益共享机制，养殖户的组织化程度和市场风险抵御能力较弱。多数调研地区的合作社在小农户与大市场之间的桥梁和纽带作用并未发挥，合作社示范效应较差。造成这一问题的主要原因在于以下三方面：一是农牧户的养殖观念各异，缺乏合作意识，且部分地区农牧户居

住分散，统一管理难度较大。多数农牧户一般具备一定的养殖经验，养殖习惯难以改变，且部分山区养殖户居住分散，联系不便，统一的饲养管理、标准化生产等较难实现；二是缺乏专业的管理人才，现有的合作社法人以及有意成立合作社的养殖户对于合作社如何经营管理、如何服务社员及实现盈利几乎没有清晰的认识和规划，普遍缺乏市场开拓能力，制约了合作社的发展；三是资金和经营场所缺乏，合作社成员以养殖户为主体，经济实力普遍较弱，各地政府对于合作社的扶持多数停留在创立阶段的启动资金，经营场所难以保证，后续支持政策更是缺乏连续性，导致合作社可支配资金有限，制约了合作社的进一步发展。

（六）羊绒产地市场发展滞后，销售渠道单一

目前，各调研县（市）羊绒销售渠道仍以商贩收购为主。从调研情况看，各调研地区均没有建立起固定的羊绒交易场所，即使个别地区成立了羊绒加工企业，也因为农牧户居住地分散、羊绒产量少等问题大多依靠当地的收购商贩采购羊绒原料。各调研地区的羊绒商贩均采取挨家挨户上门收购的方式，有些商贩还自行购置了运输车辆并雇佣司机完成上门收购。大部分养殖户因为缺少固定交易场所，只能等待商贩上门收购，对商贩的依赖性较强。交易过程中，大多数养殖户不对羊绒进行分级整理，直接交付商贩并与其经过简单的讨价还价进行交易，销售简便、付款有保障等特点使得农牧户在未来一定时期内还将维持现有的羊绒销售方式。在羊绒销售过程中，农牧户由于羊绒产量较少，在交易过程中缺乏能动性，议价能力较弱，而商贩主要是通过购销差价赚取利润，因此，商贩"压级压价"的现象非常普遍，直接损害了农牧户的经济利益。虽然本溪县有少量养殖户采用了工牧直交的方式，但总体上看，羊绒销售渠道依然较为单一。

（七）绒山羊产业扶持政策较少，且总体扶持力度较弱

国家近年来不断加大对畜牧业的扶持力度，但是与生猪、肉羊及林果等特色农产品相比，政府针对绒山羊的扶持政策相对较少，扶持力度较弱。从调研情况看，各调研地区绒山羊获取的扶持政策多为面向所有畜种的普惠型政策，如农机购置补贴、标准化规模养殖奖励、动物疫病防控支持政策等。即使各调研地区均为羊绒主产区，多数地区也鲜有专门针对绒山羊出台的支持措施。具

体来看，盖州的绒山羊产业发展历史悠久，属于当地畜牧业主导产业，因此辽宁绒山羊品种在保种、培育与推广方面获得了一定数量的保种和品种推广的经费支持，其他地区均没有相关的品种保护的财政扶持政策；农机购置补贴政策已经将与绒山羊产业密切相关的多类机械列入补贴名录，并规定了各类机械的最高补贴限额，但具体到农牧户使用的机具品种，实际获得的补贴数额偏低，对于养殖户机械化水平的提高作用甚微；各地在推行标准化规模化养殖的过程中，主要将扶持和奖励集中投放到养殖规模较大的少量养殖户身上，部分地区的小规模养殖户在棚圈建设方面也获得了一定的扶持，但该项扶持多以棚圈建设面积作为扶持力度的重要计算标准，小规模养殖户获得的扶持相对较少，甚至有些地区并未针对小规模养殖户实行类似扶持。

三、促进绒山羊产业发展的对策建议

（一）加强绒山羊良种培育与推广力度，提升绒山羊生产性能

绒山羊是我国较为珍贵的遗传畜种，是经过长期的自然繁育和人工选育的结果。近年来受肉羊比较效益和非农产业高收入冲击，加上养殖成本上涨、羊绒价格不稳定等因素影响，农牧户的养殖积极性被严重挫伤，绒山羊的饲养量存在下滑的风险。调研中我们发现，部分羊绒主产区的绒山羊转产肉羊现象较为普遍，有的农牧户片面追求绒山羊的肉用价值的提高，忽视羊绒细度等质量指标的改善，致使良种绒山羊的产绒性能得不到有效发挥，羊绒细度也存在粗化的风险。因此，建议加强对绒山羊优良品种的培育和推广的支持力度，提升绒山羊的生产性能。首先，以提高经济效益为目标，加强对绒肉兼用型品种的培育和选育工作，为此还需要加大对基层畜牧科技部门的人才扶持和资金扶持力度，确保品种培育、选育工作顺利开展；其次，加大对原种场、种羊场、扩繁场（站）等各级繁育场（站）相关品种保护和推广的经费投入，并鼓励各级繁育场（站）和周边农牧户开展多种形式的合作，建立以大型良种专业户为基础的种畜扩繁基地，防止因为养殖数量的缩减导致珍稀地方品种资源的流失；最后，在羊绒主产区恢复实施优质绒山羊种用公羊补贴政策，推行能繁母羊补贴政策，激励养殖户购买优良品种并支持其整群发展，严防优良品种群体萎缩。优先选择具有优良品种绒山羊养殖传统的羊绒主产区实施这些补贴政策，而且在这些区域内应将所有绒山羊规模养殖场和小规模散养户均纳入补贴实施

范围，实现补贴范围的全覆盖，对标准化规模养殖场、家庭农场、合作社等新型经营主体给予重点支持，具体补贴标准与良种绒山羊的性能指标挂钩，实现"优品优补"。

（二）改善基层畜牧兽医服务体系基础设施，完善基层畜牧兽医人才队伍建设

畜牧兽医技术服务体系是畜牧养殖业健康发展的前提和重要保证，是把先进实用的技术转化为现实生产力的重要途径。目前，各调研地区的基层畜牧兽医服务部门普遍存在基础设施落后、工作经费不足、专业技术人员短缺以及技术老化等问题，不仅直接影响了养殖户的切身利益，也影响了绒山羊产业的健康发展。为此建议加大对基层畜牧兽医服务体系的投入，并及时补充基层人才，提升科技服务水平。首先，重视基层畜牧兽医站的基础设施更新和工作经费保障，为开展相关工作提供重要的物质保障，如积极改善基层畜牧兽医站办公基础设施，更新老旧设备，实现技术推广服务等工作的有序开展，提升基层畜牧兽医站检测和控制疫病的能力，更好地为绒山羊养殖生产服务；其次，加强现有技术人员的专业培训和继续教育工作，通过组织外出观摩、邀请优秀专家授课指导、鼓励支持现有专业技术人员进修学习等，促进基层专业技术人员更新知识结构，提升专业技能，提高现有专业技术人员的业务能力；再次，完善基层专业技术人才招聘引进机制，改进基层事业单位公开招聘办法，强化对自然环境恶劣及偏远地区的特殊倾斜政策，有效解决基层"招人难"的问题；最后，构建基层畜牧兽医服务网络体系，创新服务形式，利用信息化网络，共享服务资源，并通过线上线下多种服务形式帮助养殖户解决实际问题，提高基层畜牧技术服务水平。

（三）创新农牧户养殖技术培训方式，提高先进养殖技术的应用水平

随着绒山羊的养殖方式从全放牧到舍饲、半舍饲方式的转变，精细化管理及各种新型实用养殖技术的应用有力地促进了绒山羊养殖效益提升。目前，大部分养殖户受传统养殖观念、文化水平低和资金不足等因素制约，缺乏主动学习和采纳先进养殖技术的积极性，因此，应创新农牧户技术培训方式，推进农牧户采纳应用先进养殖技术，提高农牧户的养殖技术水平。首先，重视并做好农牧户技术培训需求调研，加强对农牧户知识接受程度和技术需求情况的了

解，并据此改进技术培训的方式方法，提高技术培训效果；其次，构建以产业发展和农牧户需求为导向的技术推广服务体系。在技术培训和推广应用过程中，结合当地的养殖特点、自然环境等进行必要的适应性改良，使新型养殖技术能够真正发挥作用。从培训内容看，建议重点加强对农牧户饲草料种植和加工技术、羔羊补饲和早期断奶技术、疫病防治技术、圈舍修建技术等实用养殖技术的培训，逐步实现绒山羊养殖的精细化管理；最后，培育绒山羊养殖技术示范户，目前农牧户的养殖技术除来源于自身积累外，还主要来自周边的养殖能手或养殖大户，因此，培育养殖技术示范户，有利于让更多的农牧户进一步的了解新技术的实际操作与现实效益，使其更好地接受和应用新技术。

（四）引导和扶持专业合作社规范发展，发挥合作社带动作用

农牧民专业合作社建设，是提高我国绒山羊产业组织化、规模化程度的有效举措。目前，各调研县（市）能够规范运行的绒山羊养殖专业合作社数量较少，示范带动力不强。因此，建议引导和扶持绒山羊养殖专业合作社规范发展，提升办社质量，不断增强合作社的服务带动能力。首先，政府部门应加强宣传，鼓励养殖大户、羊绒收购企业或加工企业等发起成立绒山羊养殖专业合作社，提高农牧户的合作意识并鼓励其自愿加入合作社，也鼓励专业合作社加强加工、仓储、物流等关键环节的能力建设，延伸产业链条，向产加销一体化拓展；其次，加大对农民合作社骨干的培育，如加强合作社带头人的培训，使其掌握合作社从注册到经营管理的整套运行机制，提高合作社的实际管理水平，更好地带动农牧户发展；加强对合作社财务人员的培训，逐渐规范合作社内部财务建设，加强内部审计监督，合理分配收益；再次，加强对合作社的金融扶持，特别是通过增加贷款额度、降低贷款利息等措施，帮助解决合作社发展过程中资金不足的问题，促进合作社进一步发展壮大；最后，应加强对合作社登记管理和经营运作的监管，引导合作社依法设立运营，通过完善章程制度、健全组织结构、规范其财务管理、社务管理等制度夯实合作社有效运营基础，清退没有开展过业务或活动的养殖专业合作社，优化合作社运营的外部环境。

（五）发展羊绒产地市场，提高羊绒流通效率

商贩收购是目前养殖户羊绒销售的主要渠道，由于各调研地区普遍缺乏羊

绒交易场所，商贩销售甚至是大多数养殖户羊绒销售的唯一渠道。由于养殖户产量偏小、绒毛交易市场缺乏和市场行情波动等多种原因导致销售过程中养殖户普遍处于被动位置，商贩压级压价现象普遍存在，不仅影响了农牧户的经济利益，也不利于羊绒流通市场的健康发展。因此，建议在羊绒主产区发展羊绒产地市场，提高羊绒流通效率。首先，在羊绒主产区加快建设布局合理、功能完善的区域性畜产品产地市场，在羊绒收获季节或者羊只出栏期间可以快速、大批量集散相关畜产品，不仅可以有效解决养殖户销路狭窄，也能够有效应对以往出现的羊绒销售困难等问题，保障养殖户的经济利益；其次，加快推动专业合作社、养殖场、家庭牧场、经纪人等流通主体的培育，提高羊绒生产销售主体的规模化、专业化和组织化程度，实现"小农户""小生产"与"大市场"的有效对接；再次，积极推动工牧直交的交易方式，对于有实力、信誉好的绒毛加工企业，鼓励其在羊绒主产区设立固定收购点，开展羊绒收购活动。鼓励养殖大户直接将绒毛原料销售给加工企业，规模较小的养殖户，可借助专业合作社、养殖协会等组织与加工企业建立长期的羊绒原料生产供应关系；此外，还应该加强对羊绒销售环节的监管，对羊绒销售过程中收购商贩刻意压级压价、提供虚假信息等问题进行严厉处罚，营造良好的羊绒销售环境，规范市场流通秩序，提升流通效率。

（六）加大对绒山羊养殖的政策扶持力度，稳定农牧户养殖积极性

羊绒产业是我国极具特色和优势的畜牧产业，部分羊绒主产区地理位置偏远、经济发展水平落后，绒山羊养殖对于保障农牧户收入、维护社会稳定有着重要作用。然而在调研中发现，各调研县（市）绒山羊养殖业的政策虽有差异，但整体来看，相较于生猪、肉羊及林果等特色农产品而言，绒山羊的扶持力度较弱。而且近年来受市场、环境等多重因素影响，农牧户羊绒生产积极性有所下降。因此，建议加大对农牧户绒山羊养殖活动的政策扶持力度，从而稳定养殖户的羊绒生产积极性，促进产业的长期稳定发展。第一，建议提高对绒山羊产业发展的重视程度，将绒山羊产业列入羊绒主产区重点发展的产业，地方财政应向绒山羊产业适度倾斜，及时出台相关扶持措施。第二，积极争取中央财政及省级财政的各种项目支持，统筹利用多渠道筹集的项目资金和财政资金，加大对绒山羊产业的扶持力度。第三，增加对羊绒主产区基础设施建设的投入。由于羊绒主产区位于交通不便的边远山区，经济发展水平普遍较低，畜

用暖棚、储草棚、饲草料基地、贮粪场等基础设施建设较为落后，产业经济研究团队 2021 年调研资料显示，有 57.58% 的养殖户需要政府给予棚圈建设补贴。因此，建议政府相关部门继续加大投入，一方面可以加强标准化棚圈的建设，如提高对农牧户圈舍修建补贴的力度，并扩大圈舍修建补贴政策的覆盖范围；另一方面可以对农牧户旧棚进行改造和维修，增强其防灾保畜能力，补齐农牧户基础设施不足的短板；还应加强饲草料等物资储备设施建设，缓解农牧户由于禁牧舍饲以及突发灾害带来的饲草不足困难，不断提高农牧户应对风险的能力。第四，加大对绒山羊产业的金融支持力度，目前农牧户在购买饲料等生产活动中遭遇资金困难，羊绒加工企业在羊绒收购中也经常面临周转资金短期不足等问题，正规金融机构担保要求高、贷款难度大，而民间借贷利率高、风险大。建议政府部门、金融机构和担保机构等多方合作，加大对养殖户（场）和羊绒加工企业的金融支持力度，如简化贷款操作程序、提高贴息支持力度、创新贷款担保方式等，共同扶持绒山羊产业发展。第五，积极推动羊绒产业链条延伸，从养殖、生产、加工与流通各个环节构建完整的政策支持体系，针对产业链条各环节存在的具体问题，出台针对性政策措施，或者实施重点扶持项目。

图书在版编目 (CIP) 数据

中国绒毛用羊产业发展与政策研究报告. 2021 / 肖
海峰等著. —北京：中国农业出版社，2022.8
ISBN 978-7-109-29872-9

Ⅰ.①中… Ⅱ.①肖… Ⅲ.①毛用羊－畜牧业－产业
发展－研究报告－中国－2021 Ⅳ.①F326.3

中国版本图书馆 CIP 数据核字（2022）第 153532 号

中国农业出版社出版

地址：北京市朝阳区麦子店街 18 号楼
邮编：100125
责任编辑：孙鸣凤 文字编辑：喻瀚章
版式设计：杜 然 责任校对：吴丽婷
印刷：北京中兴印刷有限公司
版次：2022 年 8 月第 1 版
印次：2022 年 8 月北京第 1 次印刷
发行：新华书店北京发行所
开本：720mm×960mm 1/16
印张：9.25
字数：150 千字
定价：80.00 元